Viktoria Henle

D1995199

HILFE, ICH CRASHE MEIN STUDIUM

DER ETWAS ANDERE STUDIENFÜHRER

Ratgeber für den
angehenden Studenten und
potenziellen Studienabbrecher

ISBN: 978-3-939247-91-3

Pressath 2016
© by Viktoria Henle

Texte: Viktoria Henle
Grafiken: Viktoria Henle/Daniela Kleber

Verlag: Eckhard Bodner I 92690 Pressath
Layout & Umschlaggestaltung: bild-punkte/Daniela Kleber I 90469 Nürnberg

Texte und Grafiken dürfen – auch teilweise – nur mit Genehmigung von Viktoria Henle und Daniela Kleber wiedergegeben werden.

Alle Angaben in diesem Buch sind nach bestem Wissen und ausführlicher Recherche entstanden. Dennoch wird keine Haftung für Personen-, Sach- oder Vermögensschäden übernommen, welche aus der Anwendung des hier vorgestellten Materials entstehen können. Des Weiteren sind Rechts- und Schadensansprüche ausgeschlossen. Die Benutzung des Buches und die Umsetzung der darin enthaltenden Informationen erfolgt somit ausdrücklich auf eigenes Risiko. Die Autorin übernimmt außerdem für etwaige Schäden jeder Art aus keinem Rechtsgrund eine Haftung.

Das Werk inklusive aller Inhalte, wurde unter größter Sorgfalt erarbeitet. Dennoch können Druckfehler und Falschinformationen nicht vollständig ausgeschlossen werden. Die Autorin übernimmt keine Haftung für die Aktualität, Richtigkeit und Vollständigkeit der Inhalte des Buches, ebenso nicht für Druck- und Grammatikfehler. Es kann keine juristische Verantwortung sowie Haftung in irgendeiner Form für fehlerhafte Angaben und daraus entstandener Folgen von der Autorin übernommen werden.

VORWORT

Zuviel Zeit mit Studieren verwenden ist Faulheit,
es nur als Schmuck zu verwenden – Affektiertheit;
nur danach zu urteilen – Gelehrtenwahn.
Sir Francis von Verulam Bacon (1561 - 1626), englischer Philosoph, Essayist und Staatsmann, entwarf die Methodologie der Wissenschaften

‚Danach ist man immer schlauer!' Diese Volksweisheit verdeutlicht, dass man mit einer gewissen Lebens- oder Praxiserfahrung vergangene Entscheidungen besser abwägen würde. Ähnlich ist es mit einem Studium. Erst wenn man es angetreten oder absolviert hat, weiß man eigentlich wie der Laden läuft (ein Studium anzugehen ist).

Um diesen Erfahrungsschatz weiterzutragen, Anlaufschwierigkeiten zu vermindern und auch die allgemeine Studienangst abzubauen, habe ich diesen Ratgeber verfasst. Er liefert wertvolle Hinweise besonders für Studienanfänger, aber auch für bereits Studierende. Eine Präferenz einer bestimmten Fachrichtung wird nicht vorgenommen. Die Ratschläge sind universeller Natur und können mit geringer Adaption vielseitig übertragen werden. Aufgrund dessen wird auch eine allgemein verständliche Wortwahl verwendet.

Dieser Ratgeber ist primär darauf ausgerichtet, auch leistungsschwachen Personen einen Studienabschluss zu ermöglichen ohne beratende akademische Verwandt- oder Bekanntschaft. Es dient der Hilfestellung bei kritischen Situationen, welche in jedem Studienverlauf auftreten können:

» Wie bereite ich mich auf das Studium vor?
» Was mache ich, wenn das Studium immer mehr zur Belastung wird?
» Was ist zu tun, wenn die Exmatrikulation droht?
» Wie ist mit Prüfungsangst und Prüfungsdruck umzugehen?
» Welche Tricks gibt es zur optimalen Prüfungsvorbereitung?
» Wie beschafft man sich das beste Unterrichtsmaterial?
» Was mache ich, wenn ich feststelle, ich studiere das Falsche?
» Nach dem Studium ist vor dem Studium!

Für summa cum laude Studenten (also Einserkandidaten) können die Ratschläge eher Suspekt anmahnen.

Ich wünsche allen Lesern viel Erfolg beim Studieren.

Viktoria Henle

INHALTSVERZEICHNIS

1 Einleitung 8

1.1 Zum Inhalt 10

1.2 Die Zielgruppe für dieses Buch 11

2 Vor dem Studium 12

3 Studienbeginn 29

3.1 Umgang mit dem (Erstsemester-) Studienstress 33

3.2 Eigenorganisation 36

3.3 Umorientierung des Studiengangs 37

4 Während des Studiums 39

4.1 Beschaffung von Unterrichtsmaterial 39

4.2 Prüfungsdruck, Prüfungsangst und andere Härtefälle 41

4.3 Extreme Härtefälle 47

4.4 Sonstige Empfehlungen 49

5 Studien-/Bachelor-/Master-/ und Diplomarbeit 56

5.1 Allgemeiner Aufbau der Abschlussarbeit 57

5.2 Sonstige Empfehlungen 60

5.3 Extreme Härtefälle 64

6 Nach dem Studium 68

7 Schlusswort 70

ALLGEMEINE HINWEISE

Geschlechtsspezifische Formulierung: In dieser Arbeit wird zur Vereinfachung keine generische Pluralformulierung vorgenommen.

Lehrbeauftragter: In den verschiedenen Lehreinrichtungen existieren eine Vielzahl von Titel und Bezeichnungen für die Lehrbeauftragten (Professor, Dozent, etc.). Zur Vereinfachung wird in dieser Arbeit einheitlich dafür der Begriff Lehrbeauftragter verwendet.

1. EINLEITUNG

Unermüdliches Bemühen, das ist Studium!

Seami Motokiyo (1363 - 1443), eigentlich Saburo Motokiyo, japanischer Schauspieler, Dramatiker und Theoretiker des Nô, später Mönch.

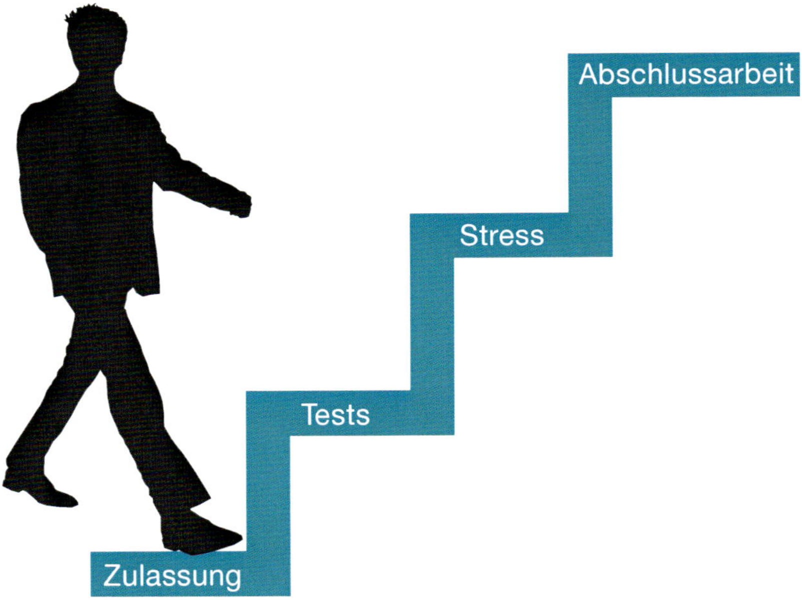

Studienanfänger sind zu Beginn ihres Studiums mit einem Berg von Problemen (Wohnungssuche, geringere familiäre Absicherung, finanzielle Sorgen, BAföG, etc.) konfrontiert, welche besonders in der Eingewöhnungsphase in eine höhere physische und psychische Belastung resultieren. Ein erfolgreich abgeschlossenes Studium stellt einen wesentlichen Schritt in die berufliche Karriere dar. Ein guter Studienabschluss kann Türen zu lukrativen und interessanten Positionen eröffnen, ein Schlechter aber auch verhindern. Der dadurch entstehende Erfolgsdruck kann zu einer großen Belastung führen/werden.

Eine Betrachtung der Statistik zeigt auf, dass die Hauptgründe für einen Studienabbruch im Jahr 2008 Leistungsprobleme waren.

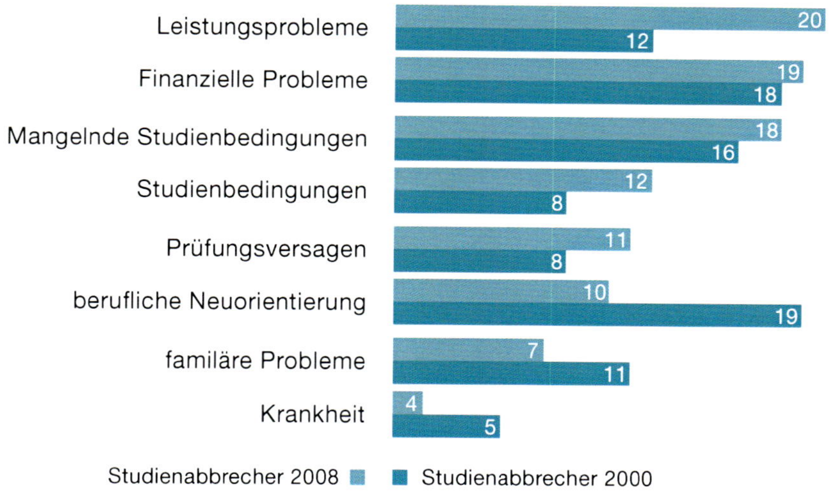

Abbildung 1: Hauptgründe für Studienabbruch
Quelle: (Heublein, Hutzsch, Schreiber, Sommer & Besuch, 2009, S. 19)

Jedoch ist auch anzumerken, dass Aspekte, wie finanzielle Probleme, Studienbedingungen, Krankheiten oder Prüfungsversagen, sowie eine berufliche Neuordnung ebenso einen Studienabbruch bedingen können. Zu einigen dieser verschiedenen Ursachen des Studienabbruchs werden in diesem Ratgeber hilfreiche Tipps vorgestellt.

1.1 ZUM INHALT

Dieser Ratgeber soll für den Leser zum Einen ein Basiswissen hinsichtlich des Studiums im Allgemeinen bereitstellen, indem wesentliche Fragestellungen aufgezeigt und Lösungskonzepte dargestellt werden.

Zum Anderen illustriert dieses Ratgeberbuch Möglichkeiten, wodurch auch unsichere Personengruppen ein Studium erfolgreich abschließen können.

Das Buch soll außerdem vermitteln, dass ein Studium als Herausforderung und nicht als psychisches Belastungstraining wahrgenommen wird. Es dient somit, diejenigen Ängste abzubauen, welche oft mit einem Studium verbunden werden, indem aufgezeigt werden soll

» wie man Lücken im System für sich nutzen und
» sich selbst optimaler vorbereiten kann.

Ein Studium soll darauf ausgelegt sein, dass man nicht nur einen Abschluss erhält, sondern in seiner Persönlichkeit gestärkt wird, sich weiterentwickelt und fortbildet.

1.2 DIE ZIELGRUPPE FÜR DIESES BUCH

Eine wichtige Zielgruppe für dieses Buch sind baldige Erstsemestler aber auch bereits Studierende, welche allgemeine Lösungskonzepte für schwierige Lebens- und Studiensituationen erfragen. Es soll nicht als Schummellektüre verstanden werden, welches Wege zum Betrug aufzeigt, sondern es dient als Ratgeber, welcher in verständlicher Weise Lösungskonzepte jenseits des klassischen Paukens für ein erfolgreiches Bestehen eines Studiums darlegt.

2. VOR DEM STUDIUM

Ein großer Fehler bei meinem Studieren in der Jugend war, dass ich den Plan zum Gebäude zu groß anlegte.
Georg Christoph Lichtenberg (1742 - 1799), deutscher Physiker und Meister des Aphorismus

Ein erfolgreiches Studium beginnt eigentlich bereits lange vor Studienbeginn. Jeder Studierende hat sich dabei mit einer Vielzahl von persönlichen Lebensumständen und Eigenerkenntnissen auseinander zu setzen. Um somit den Studienanfang zu Entstressen, sollten nachfolgende Fragestellungen im Vorfeld angegangen werden.

Was will ich eigentlich studieren?

Wenn ich wüsste, dass ich nichts könnte, hätte ich auch studiert.
Hans Helmig

Jeder potenzielle Absolvent einer Schule, welcher einmal studieren möchte, muss sich irgendwann mit der Fragestellung auseinander setzen, welchen Studiengang er eigentlich anstrebt. Die Auswahl eines passenden Studiums kann dabei skurrile Formen annehmen, welche von Hyperrecherche bis hin zur Fremdbestimmung reichen. Bei einer falschen Studienwahl erfolgt beim Studierenden bald die Ernüchterung, welche in Frustration und Unbehagen mündet.

Es ist somit wesentlich, den Spagat zu finden, zwischen den Themenfeldern, welche einen interessieren, einem Spaß bereiten und auch eine berufliche Zukunft versprechen.

Tabelle 1:
Wesentliche Auswahlkriterien für die richtige Studiengangwahl

Eigeninteresse	Ein Studium muss einen von den Studienfächern und auch von der Zielausrichtung her inspirieren. Der Großteil der Studienfächer sollte den Studierenden ansprechen. Von der Lehreinrichtung wird in der Regel ein Grundwissen vorausgesetzt. Sollte jenes fehlen, so bedeutet dies oft ein aufwendigeres Eigenstudium. Im Vorfeld sollte man sich informieren, welche Inhalte in den jeweiligen Studienfächern vermittelt und abverlangt werden. Am besten fordert man einen Studienführer von der Lehreinrichtung an (teilweise auch schon im Internet je nach Lehreinrichtung online einsehbar).
Spaßfaktor	Ein Studium stellt in der Regel einen jahrelangen Prozess dar. Für das Bestehen benötigt man somit Ausdauer, vergleichbar mit einem Marathonlauf. Der Faktor Eigenmotivation nimmt hierbei eine Schlüsselrolle ein (18% der Studienabbrecher geben im Jahr 2008 mangelnde Motivation beim Studium als Grund an (vgl. Heublein, Hutzsch, Schreiber, Sommer, & Besuch, 2009, S. 19)).

Aufgrund dessen ist der Spaßfaktor nicht zu unterschätzen. Ein Studium sollte einem liegen, also einerseits in seiner Gesamtheit andererseits von den Inhalten. Kann sich eine Person mit dem System oder dem Aufbau einer Lehreinrichtung nur schwierig abfinden, so sollten im Vorfeld Alternativen angestrebt werden.

Ebenso ist darauf zu achten, dass das Umfeld der Lehreinrichtung gute Studienbedingungen bietet (gute Betreuung durch die Dozenten, gute Ausstattung, etc.), jedoch auch eine Vielzahl von verschiedenen Freizeitmöglichkeiten, zum Regenerieren von Körper, Geist und Seele ermöglicht.

Zukunftsperspektive

Üblicherweise wird ein Studium angestrebt, um später einen lukrativen oder interessanten Arbeitsplatz zu erhalten. Es bietet sich somit an, zu recherchieren, wo im Arbeitsmarkt die jeweiligen Studienabgänger unterkommen.

Dabei ist im Detail darauf zu achten,

» wie groß ist die Quote an Arbeitssuchendenden nach Studienabschluss, nach einem halben Jahr, nach einem Jahr, ...
» wie verlaufen die Nachfrageperioden nach Studienabgängern
» welche berufliche Entwicklung absolvieren die Studienabgänger in der Regel (Ingenieurbüros, Behörden, Industrie, Gewerbe, etc.)
» wie ist die Konkurrenzsituation zu anderen Berufen (wie Betriebswirt/-in versus kaufmännische Angestellte versus Diplomkauffrau, Meister versus Ingenieur, etc.)

Ein häufig gemachter Fehler ist, bei der Studienwahl auf zeitlich begrenzte Nachfragetendenzen zu achten. So gab es vor Jahren einen hohen Lehrermangel, welcher nachhaltig den Zustrom an Studierenden auf Lehramt steigerte. Wenige Jahre später kam es dann jedoch zu einem Überhang an ausgebildeten Lehrkräften, so dass viele Studierende Probleme hatten, eine Arbeitsstelle/Anstellung zu finden.

Tipps:
Bei der Wahl des Studienganges die berufliche und ökonomische Langzeitperspektive beachten. Vorzugsweise gegen den Trend studieren, um Fachkräftelücken optimal auszunutzen.

Wer sich bei der Studienwahl immer noch unsicher ist, sollte Events, wie ‚Tag der offenen Tür', wahrnehmen. Auch ein Beratungsgespräch mit dem Studienberater kann hilfreich sein. Ebenso kann eine Rücksprache mit Erst- oder Zweitsemestern oft einen tiefen Einblick in den Studiengang liefern. Schlussendlich vermitteln auch Praktika einen guten Eindruck in die spätere angestrebte Arbeitswelt.

Tipps:
Insidertipps von Studenten sind besser wie jeder Studienführer. Achtung: negative Erfahrungen können dabei einen individuellen Charakter besitzen.

Wo will ich eigentlich studieren?

Die Wahl des Studienortes oder der Bildungseinrichtung nimmt wesentlichen Einfluss auf das spätere Studium bis hin zum beruflichen Erfolg ein. Folgende Aspekte sollte man dabei gegeneinander abwägen:

» **Internationaler Ruf der Lehreinrichtung**
Seit Einführung des Bologna-Prozesses zur Harmonisierung von Studiengängen innerhalb von Europa rückt zunehmend das internationale Image einer Lehreinrichtung in den Vordergrund. Umso besser sich der Ruf der Lehreinrichtung international darstellt, desto höher gelten in der Regel die späteren Aufstiegschancen im Berufsleben.

Gleichzeitig ermöglicht ein positives Image einer Lehreinrichtung auch die persönliche Knüpfung interessanter Kontakte zu Industrieunternehmen, Ingenieurbüros oder anderen einflussreichen Personenkreisen.

Im Internet werden verschiedenste Rankings zu Lehreinrichtungen veröffentlicht, welche den internationalen Ruf und auch die Lehrausstattung vergleichen. Eine vorherige Recherche kann bei der Standortwahl unterstützend helfen.

2013	2012	
1	1	Massachusetts Institute of Technology (MIT)
2	3	Harvard University
3	2	University of Cambridge
4	4	UCL (University College London)
5	6	Imperial College London
6	5	University of Oxford
7	15	Stanford University
8	7	Yale University
9	8	University of Chicago
10=	10	California Institute of Technology (CALTECH)
10=	9	Princeton University
12	13	ETH Zürich
...	...	...
50	55	Ruprecht-Karls-Universität Heidelberg
53	53	Technische Universität München
65	60	Ludwig-Maximilians-Universtität München

Abbildung 2: Internationales Ranking der Universitäten in den Jahren 2012 und 2013
Quelle: (Schiltz, 2015)

» **familiäre Nähe**
Für viele Erststudierende bedeutet ein Studium ein teilweiser Verlust der familiären Nähe. Dabei sind besonders Freunde und Familie oft ein Garant für Stabilität und Wohlbefinden. Auch die Weiterführung von Beziehungen kann Halt vermitteln.

Tabelle 2:
Prozentualer Anteil von Studienabbrechern aufgrund familiärer Aspekte (Angaben in Prozent)
Quelle: (Heublein, Hutzsch, Schreiber, Sommer, & Besuch, 2009, S. 42)

Abbruchgrund	Universitäten	Fachhochschulen	Bachelor
familiäre Gründe allgemein	16	19	14
Studium und Kinderbetreuung nicht mehr vereinbar	7	6	4
Schwangerschaft	4	5	2

Familiäre und freundschaftliche Nähe kann im Detail bedeuten, dass keine Unterkunftssuche notwendig ist, bewährte Netzwerke (beispielsweise für Nachhilfe oder Lerngruppen) weiterhin bestehen bleiben, und der Alltag (Arztsuche, Restaurant, etc.) sich einfacher gestaltet. Des Weiteren ist es teilweise auch eine Kostenfrage.

Bei der Wahl des Studienortes kann dieser Aspekt einen hohen Stellenwert einnehmen, da besonders bei der Umstellung von Schulsystem auf Studium viele Erstsemester in anderen Lebensbereichen Kontinuität benötigen.

Tipps:
Schätzen Sie sich selber ein, ob sie noch enge familiäre Bindungen benötigen, oder lieber erste ernsthafte Schritte in die Unabhängigkeit anstreben.

» **Auswahl anhand des Studiengangs**
Die Wahl des Studienortes kann auch durch die Wahl des Studienganges bedingt werden. Die Auswahl exklusiver Studienrichtungen hat zwar den Vorteil der begrenzten Absolventenanzahl, schränkt jedoch die potenzielle Studienortwahl ein. Besonders neue innovative Berufsgruppen sind davon betroffen.

Im Umkehrschluss kann die Studienwahl nicht nur den Studienort bestimmen, sondern grenzt auch andere Optionen, wie Studiengebühren, Zulassungsbeschränkungen, etc. mit ein.

Tipps:
Wählen Sie (wenn möglich) einen Studiengang aus, in welchem mithilfe von Anerkennungsverfahren die Anzahl der Studienfächer reduziert werden kann.

Die Wahl des Studienortes sollte somit nicht alleine betrachtet werden, sondern als Gesamtkonzept.

Welche Zulassungsvoraussetzungen werden gefordert?

Bestimmte Studiengänge an unterschiedlichen Standorten besitzen bestimmte Zulassungsvoraussetzungen. Dies bedeutet, dass nur ein gewisser elitärer Kreis überhaupt zum Studium zugelassen wird.

Um an einer Lehreinrichtung aufgenommen, also immatrikuliert zu werden, muss man eine Vielzahl von Zulassungsvoraussetzungen erfüllen. Wenn man beispielsweise an einer deutschen Hochschule studieren möchten, muss der Beleg erbracht werden, dass man aufgrund einer bestimmten schulischen Vorbildung oder beruflichen Qualifikation dazu berechtigt ist - also über die erforderliche (Fach-) Hochschulreife verfügt. Verfügt man ausschließlich über eine ausländische Hochschulreife, so muss überdies der Beleg der staatlichen Anerkennung erfolgen. Bei angehenden Studierenden mit Berufserfahrung kann eine entsprechende Zulassung, sei es auch nur Fachgebunden über die Berufsausbildung erfolgen. Aufgrund dessen ist die fachgebundene Hochschulreife die üblichste Art der (Fach-) Hochschulberechtigung (siehe dazu Abbildung 3).

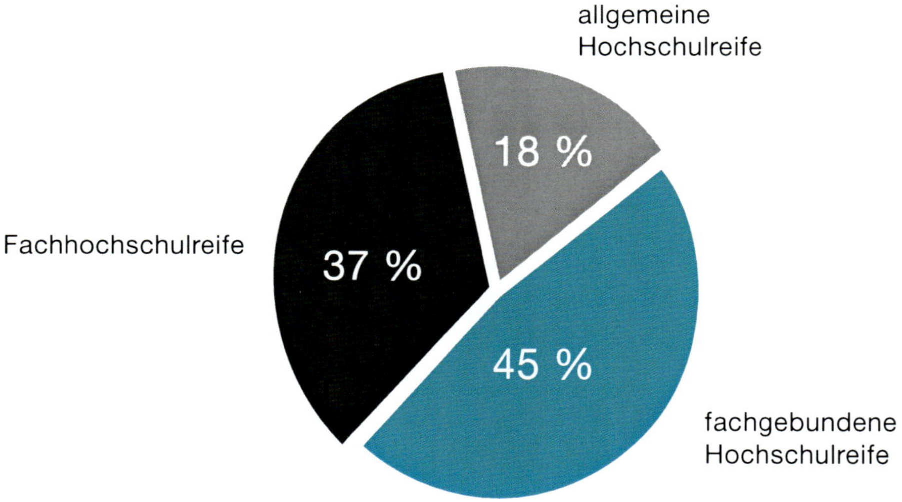

Abbildung 3: Beruflich qualifizierte Studienanfänger nach Art der Hochschulberechtigung
Quelle: (Statistisches Bundesamt Deutschland, 2015)

Wenn man möglicherweise über keine schulische Hochschulreife verfügt, aber dennoch auch studieren möchte, existieren an verschiedenen Lehreinrichtungen entsprechende Regelungen für beispielsweise beruflich Qualifizierte.

Tipps:
Manche Universitäten erlauben eine Immatrikulation (auch wenn nur eine allgemeine Fachhochschulreife attestiert wird), wenn einige Semester im gleichen Studiengang an einer Fachhochschule oder einer Berufsakademie belegt werden können.

Wenn die entsprechenden Voraussetzungen erfüllt sind, stellt sich jedoch häufig immer noch die Frage, ob man einen Studienplatz aufgrund der großen Anzahl an Bewerbern bekommt. Die einzelnen Lehreinrichtungen haben für diesen Fall unterschiedliche Auswahlverfahren etabliert.

Am Üblichsten ist hierbei der Numerus Clausus, wobei die Beschränkung nach Einzelnoten oder nach dem Notendurchschnitt erfolgt. Viele Lehreinrichtungen haben dabei ein Nachrückverfahren etabliert. Dies bedeutet, dass bei Absage eines bereits zugelassenen Bewerbers ein anderer Mitbewerber nachrücken kann. Dieses Nachrückverfahren kann auch noch umgesetzt werden, wenn das Studiensemester schon begonnen hat. Des Weiteren werden Wartejahre (auf einen bestimmten Studienplatz) oder eine Berufsausbildung positiv beim Auswahlverfahren berücksichtigt.

Tipps:
Es wird angeraten, sich über das Auswahlverfahren und den Nachrückprozess an der angestrebten Lehreinrichtung zu informieren. Die Wartezeit lässt sich sinnvoll überbrücken, indem man beispielsweise

- » kurzzeitig bei einer anderen Lehreinrichtung mit gleichen oder ähnlichen Studienfächern zum Studieren anfängt
- » ein soziales Jahr absolviert
- » ein freiwilliges studiennahes Praktikum beginnt wird (praktisch vorziehen des Praxissemesters)
- » in einem Fernstudium bereits verschiedene Fächer absolviert, welche man sich später angerkennen lassen könnte (siehe dazu Unterkapitel ‚Prüfungsdruck, Prüfungsangst und andere Härtefälle Anerkennungsverfahren‘).

Bei einigen Lehreinrichtungen erfolgt die Auswahl anhand eines Zulassungstestes. Dieser kann sowohl sowohl praktische als auch theoretische Elemente beinhalten. Sie bedürfen einer gewissen Vorbereitung.

Tipps:
Das Beschaffen alter Tests für Übungszwecke kann wertvolle Hinweise auf den Aufbau und typische Fragestellungen liefern. Auch die Teilnahme an einer Vorbereitungsschule für den Aufnahmetest erhöht die Erfolgschancen (kostenaufwendig).

Kann ich mir ein Studium leisten?

Viele studieren nach dem Abitur erstmal BAföG.
*Klaus Klages (*1938), deutscher Abreißkalenderverleger*

Ein Studium stellt üblicherweise eine finanzielle Herausforderung dar. Zwischen 14% und 27% der Studienabbrecher äußerten 2008 finanzielle Gründe für ihre Entscheidung (siehe dabei Tabelle 3).

Tabelle 3:
Prozentualer Anteil von Studienabbrechern aufgrund finanzieller Probleme (Angaben in Prozent)
Quelle: (Heublein, Hutzsch, Schreiber, Sommer, & Besuch, 2009, S. 26)

ausschlaggebender Abbruchgrund	Universitäten	Fachhochschulen	Bachelor
finanzielle Probleme	17	27	14
finanzielle Engpässe	10	16	9
Studium und Erwerbstätigkeit waren nicht mehr zu vereinbaren	5	10	5
Studium dauert zu lange	1	0	0

Es kann hinsichtlich der Kostenbetrachtung eine Unterscheidung vorgenommen werden in direkte (Studiengebühren, Verwaltungskosten, etc.) und indirekte Studienkosten (Lebenshaltungskosten, etc.).

Je nach Wahl des Studienortes können dabei die monatlichen Aufwendungen sehr schwankend ausfallen. Im Anhang befindet sich eine Tabelle, welche einen groben Überblick der monatlichen Kosten ermöglicht.

Sollten die laufenden Aufwendungen dabei einen Studienbeginn gefährden, ist es wichtig, sich verschiedene Gegenfinanzierungskonzepte oder Alternativen zu überlegen:

Tabelle 4:
Gegenfinanzierungskonzepte für ein Studium

BAföG

Das Bundesausbildungsförderungsgesetz (BAföG) regelt die staatliche Unterstützung bei der Finanzierung eines angestrebten Studiums.

Das BAföG setzt sich (Stand 2015) zur Hälfte aus einem zinslosen Kredit, und zum anderen aus einem staatlichen Zuschuss zusammen.

Der Kredit ist nach Beendigung des Studiums und nach Eintritt in das Berufsleben zurückzuzahlen. Dabei hängt derzeit die monatliche Rückzahlungsrate vom späteren Einkommen ab, welches ein Minimalniveau von 1.070 € erreicht haben muss.

Die Fördersumme hingegen hängt maßgeblich vom Einkommen der Eltern/Erziehungsberechtigten ab und beträgt maximal 670 € monatlich. Eine grobe Übersicht kann mithilfe verschiedener BAföG-rechner ermittelt werden:
https://www.bafög-rechner.de/Rechner/

Es ist darauf zu achten, dass sich diese Gesetzgebung häufig ändert. Aktuelle Informationen sind auf folgender Internetseite einsehbar:
https://www.bafög.de

Stipendium

Ein Stipendium stellt eine in der Regel zinsfreie finanzielle Unterstützung dar, für Bewerber mit entweder guten schulischen Leistungen oder einem hohen ehrenamtlichen Engagement.

Es empfiehlt sich, ein ansprechendes Motivationsschreiben einzureichen.

Studienkredit

Ein Studienkredit stellt eine Ausbildungsförderung von privaten Geldinstituten dar, welche Kredite mit günstigen Konditionen für zukünftige Akademiker anbieten.

Duales Studium

Ein Duales Studium ist die Symbiose zwischen Beruf und Studium (praktisch eine Anlehnung an das duale Ausbildungssystem einer Berufsausbildung auf Akademikerniveau). Der Studierende erhält in der Regel vom Unternehmen ein finanzielles Gehalt und gleichzeitig die direkten Studienaufwendungen erstattet.

Interessante Internetseiten zu diesem Thema wären:
http://www.wegweiser-duales-studium.de/
http://www.duales.de/
http://www.hochschulkompass.de/studium/rund-ums-studieren/studienformen/duales-studium.html

Achtung: Häufig wird vom Unternehmen nach der dualen Studienausbildung ein Verbleib im Unternehmen vertraglich verlangt. Diese Karenzzeit sollte so kurz wie möglich sein. Auch sollte ein Zurückzahlen der direkten Studienaufwendungen bei betriebsbedingten Kündigungen vertraglich geregelt werden.

Ebenso ist wie bei einem theoretischen Nebenjob die eigene Schmerzgrenze / das eigene Durchhaltevermögen realistisch einzuschätzen, da diese Doppelbelastung einen Studienabbruch bedingen kann.

Fernstudium

Ein Fernstudium ermöglicht einem Studierenden, die Zusammenführung von Beruf und Studium. Auf ein berufliches Einkommen muss dadurch nicht verzichtet werden.

Wo werde ich wohnen?

Wenn die Standortfrage des Studienganges geklärt ist, beginnt für viele Studierende die Suche nach einer passenden Unterkunft. Besonders in Großstädten wie München, Berlin oder Hamburg kann dies ein sehr aufwendiges Unterfangen werden (vgl. Loy, 2015). Bei Studienheimen oder Studentenunterkünften ist manchmal mit Wartezeiten zu rechnen. Es ist deshalb sinnvoll, sehr zeitnah mit der Unterkunftssuche zu beginnen. Im Internet existieren viele Rankings, welche auf günstige Studentenstädte verweisen (siehe dazu Tabelle 5).

Tabelle 5:
Die 7 günstigsten Studentenstädte in Deutschland (Stand 2015)
Quelle: (Höger, 2015)

Platz	Studenten-WG	Single-Wohnungen
1	Leipzig	Leipzig
2	Kassel	Halle (Saale)
3	Bochum	Kassel
4	Gießen	Dortmund
5	Dortmund	Bochum
6	Kiel	Dresden
7	Bremen/Bielefeld	Kiel

Um die Kosten zu vermindern, können auch Wohngemeinschaften (WG) oder Studentenwohnheime angestrebt werden. Dies ist jedoch mit Vor- und Nachteilen verbunden:

Tabelle 6:
Vor- und Nachteile der Wohnformen (Stand 2015)
Quelle: (Höger, 2015)

	Studenten-Wohnheim	WG	Single-Wohnungen
Mietpreis	Positiv	Positiv	Negativ
Anschluss an das Studentenleben	Positiv	Positiv	Negativ
Privatsphäre	Negativ	Neutral	Positiv
Ausstattung	Positiv	Positiv	Neutral
Lage	Positiv	Neutral	Neutral

In der Regel liefern die verschiedenen Lehreinrichtungen oft wertvolle Hinweise für eine studiengerechte Unterbringung.

Tipps:
Es bietet sich an, End-Semesterstudierende bzw. zukünftige Absolventen zu befragen, ob man ihre Wohnung bzw. Unterkunft übernehmen kann. Vermieter sind oft an einem kontinuierlichen Mietverhältnis ohne Unterbrechung interessiert.

Es empfiehlt sich, bei der Unterkunftswahl neben dem Mietpreis auch auf Kriterien zu achten, wie Verkehrsanbindung, soziales Umfeld, Freizeitmöglichkeiten, Supermärkte, Ärzte, etc.

Zusammenfassend lassen sich folglich eine Vielzahl von Problemfeldern im Vorfeld eines Studiums angehen, um dem Studienbeginn mit den vielen Neuerungen ohne zusätzliche Zeitfresser zu begegnen. Die nachfolgende Illustration zeigt die Zusammenhänge auf.

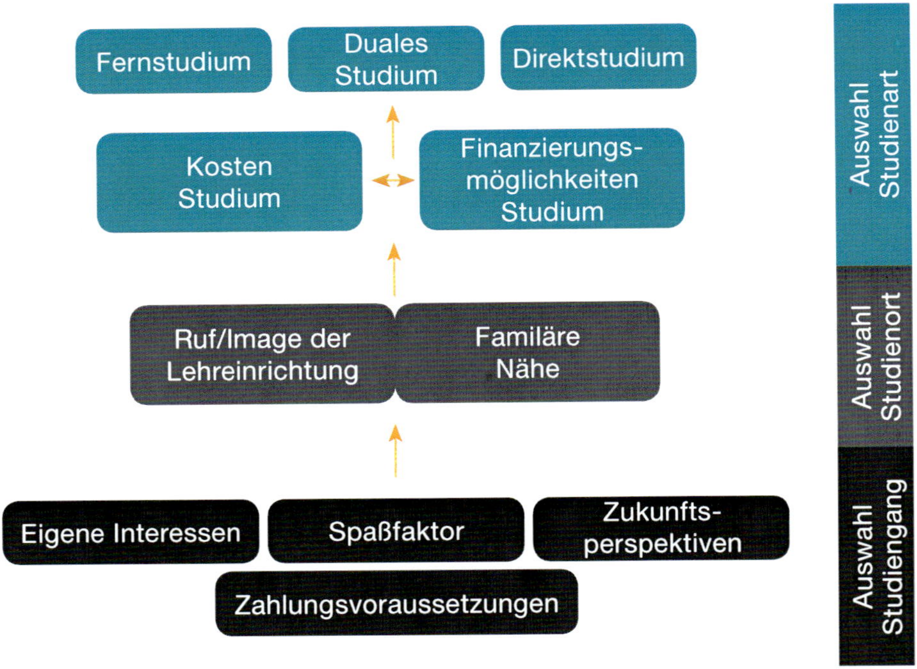

Abbildung 4: Entscheidungsfolge zur passenden Studienwahl
(eigene Darstellung)

3. STUDIENBEGINN

Aber man kann studieren und sich tief in den Irrtum hineinstudieren.
Gotthold Ephraim Lessing (1729 - 1781),
deutscher Schriftsteller, Kritiker und Philosoph der Aufklärung

Wer einmal ein Direktstudium begonnen hat, kann sich in der Regel noch genau daran erinnern. Dies liegt oft dem Umstand zugrunde, dass dieser Lebensabschnitt mit großen Veränderungen verbunden ist.

Ein Studium ist im Vergleich zu einer Fachschule anders aufgebaut. In einer Schule existieren konkrete Lehrpläne, eine intensive Betreuung durch die verschiedenen Fachlehrer, sowie ein begrenzter Bedarf an Fachliteratur. Im Studium werden dem Studierenden nur verschiedene Werkzeuge vermittelt. Das Vertiefen des Wissens, das ganze Zeitmanagement oder die Art des Eigenstudiums liegt im Eigenverantwortungsbereich des Studierenden. Viele Schullehrer sprechen in diesem Zusammenhang gerne vom Wechsel ‚Betreutes Wohnen' in das ‚reale Leben'. In der direkten Gegenüberstellung lassen sich im Allgemeinen folgende Unterschiede ausmachen:

Tabelle 7:
Gegenüberstellung Studium – Schulzeit
Quelle: (Scharbert, 2015)

Vorteile Studium – Nachteil Schulzeit

» Während eines Semesters werden keine Zwischenleistungsabfragen, wie Stegreifaufgaben oder Schulaufgaben vorgenommen.

» Achtung: Hausarbeiten, Protokolle oder Berichte werden jedoch abverlangt.

» Eine Anwesenheits- oder Teilnahmepflicht bei Vorlesungen wird nur bei bestimmten Lehreinrichtungen abverlangt.

» Aufgrund der großen Studentenzahl ist ein intensiver Informationsaustausch zwischen Studenten und Lehrbeauftragten nur bedingt möglich. Aspekte wie Sympathie oder Antipathie sind somit nur in geringem Bereich ausschlaggebend.

» Der Lehrbeauftragte reagiert auf Unterrichtsstörungen in der Regel nicht.

» Das Lehrmaterial besteht in der Regel aus einem allgemeinen Skript. Teilweise muss selbstständig die Vorlesung mit notiert werden.

» Verwaltungsaufgaben können in Eigenregie abgearbeitet werden.

» Abschlussprüfungen werden in der Regel von den jeweiligen Lehrbeauftragten individuell erstellt. Eine Vorgabe, wie beispielsweise beim Abitur vom jeweiligen Kultusministerium, erfolgt nicht.

Nachteile Studium – Vorteil Schulzeit

» Als Studierender muss man selbstständig seinen Wissensstand aktuell halten.

» Es finden jedoch in der Regel regelmäßig Abschlussprüfungen statt.

» Studierende Personen sind für den Wissenserwerb eigenverantwortlich.

» Besondere Hilfestellungen, wie Motivationsförderung, Übungsaufgaben etc. sind nur im Einzelfall zu erwarten.

» Das Lehrklima ist in der Regel steril. Das stellen von Fragen ist nur im Einzelfall (Lehrbeauftragten abhängig) erlaubt.

» Der Studierende hat sich mit seinem Kommilitonen selbstständig zu disziplinieren.

» Es wird vom Studierenden selbstständig abverlangt, sich vertiefende Literatur zu beschaffen und anzueignen. Die Vorlesung dient nur als Orientierungshilfe. Grundlagenwissen wird vorausgesetzt.

» Verwaltungsaufgaben hat der Studierende in Eigenverantwortung nachzugehen.

» Der individuelle Studienfachschwerpunkt kann zum Problemfall werden.

Die Veränderungen können großen psychologischen Druck verursachen, den es im ersten Moment zu begegnen gilt. Die Veränderungen münden auch bei vielen Studierenden in einen Studienabbruch oder in eine berufliche Umorientierung, wie nachfolgende Tabelle belegt:

Tabelle 8:
Prozentualer Anteil von Studienabbrechern aufgrund von Studienbedingungen (Angaben in Prozent)
Quelle: (Heublein, Hutzsch, Schreiber, Sommer, & Besuch, 2009, S. 33)

ausschlaggebender Abbruchgrund	Universitäten	Fachhoch-schulen	Bachelor
unzulängliche Studienbedingungen	13	9	14
fehlender Berufs- und Praxisbezug des Studium	4	2	4
mangelhafte Organisation des Studiums	3	2	3
fehlende Betreuung	1	2	1
Anonymität in der Hochschule	1	2	1
überfüllte Lehrveranstaltungen	1	0	1
mangelhaftes fachliches Niveau	1	1	2
unübersichtliches Studienangebot	1	1	1
mangelhafte Ausstattung des Studiums	0	0	0

In den nachfolgenden Kapiteln werden zu dieser Problematik Hinweise verdeutlicht, welche die Lösungsansätze für die Thematiken Studienstress, Eigenorganisation, oder Umorientierung aufzeigen.

3.1 UMGANG MIT DEM (ERSTSEMESTER-) STUDIENSTRESS

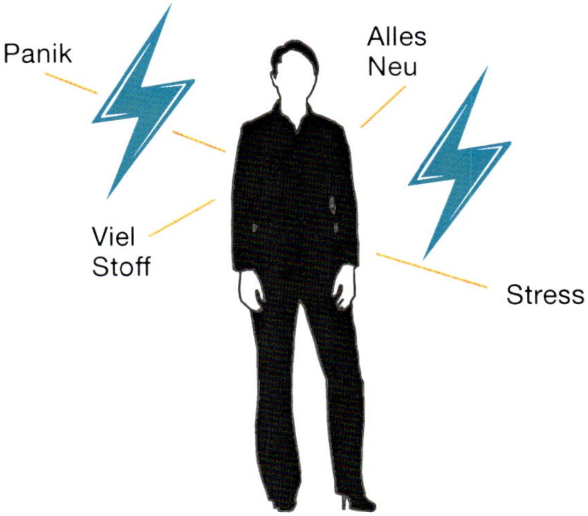

,Liebe Studenten! Schauen Sie sich ihren Kommilitonen oder ihre Kommilitonin rechts und links neben Ihrem Sitz an. Nur einer von Ihnen Dreien wird das Studium erfolgreich abschließen.' Diesen Satz habe ich persönlich bei meinem Studium in dieser Form gehört. Wenn man in diesem Zusammenhang die Anzahl der Studierenden in höheren Semestern betrachtet, dann kommt man zum Schluss, dass diese Statistik stimmt. Es ist anzumerken, dass diese in den Raum gestellte Zahl jedoch nicht zum Ausdruck bringt, warum viele Studierenden den Studiengang verlassen haben. Die Gründe sind nämlich nicht primär der Erfolgs- oder Leistungsdruck, sondern oft auch familiärer (Geburt, Schwangerschaft, etc.) oder beruflicher (Arbeitsplatzangebot, berufliche Neuausrichtung, etc.) Natur. Ebenso wird in dieser ,Gefühlten-' Statistik ein Studiengang- bzw. Studienortwechsel nicht aufgezeigt.

Tipps:
Man sollte sich nicht durch suggerierende Statistiken verunsichern lassen. Menschen erzählen Geschichten gerne etwas dramatisch.

Es gilt somit, sich nicht verunsichern zu lassen. In einem Studium kommt es ebenso auf Ausdauer an. Des Weiteren gilt es, bewusst mit Fehlschlägen umgehen zu können.

Tabelle 9:
Prozentualer Anteil von Studienabbrechern aufgrund von vermeintlichen Leistungsproblemen (Angaben in Prozent)
Quelle: (Heublein, Hutzsch, Schreiber, Sommer, & Besuch, 2009, S. 23)

Abbruchgrund	Universitäten	Fachhoch-schulen	Bachelor
Leistungsprobleme	69	71	75
Studienanforderung zu hoch	44	47	50
Zweifel an persönlicher Eignung	41	37	43
zuviel Studien- und Prüfungsstoff	45	47	51
Leistungsdruck	29	32	34
Studieneinstieg nicht geschafft	30	28	34

Um dem Erstsemesterstress am besten begegnen zu können, werden folgende Empfehlungen angeraten:

» **Freundschaften knüpfen**
Nutzen Sie die Gelegenheit, besonders im Erstsemester, Freundschaften zu knüpfen. In der Anfangsphase existiert noch kein etablierter Konkurrenzkampf. Freundschaften verbessern zum einen das seelische Wohlgefühl und zum anderen kann eine gegenseitige Unterstützung erfolgen. So können sich dadurch folgende Vorzüge entwickeln:

- → vom Kommilitone die mitgeschriebenen Notizen oder das ausgehändigte Studienmaterial kopieren
- → das Bilden von Lerngruppen erleichtert das Erfassen des Lernstoffes.
- → der gegenseitige Austausch von Lehrmaterialien hilft die Kosten des Studiums zu vermindern.

→ das Teilen oder Austauschen von Sorgen hilft eigene Ängste abzubauen.

Tipps:
Freundschaften sind ein Geben und Nehmen. Es ist wichtig, eine gute Balance zu finden.

» **Sich Rat einholen**
Jeder Neuanfang ist mit Hindernissen verbunden. Besonders Erstsemester sind mit einer Vielzahl von Neuerungen und komplexen Verfahrensabläufen konfrontiert. Es bietet sich an, sich bei Studentenvertretungen, dem Studierendensekretariat oder anderen Fachstellen Hilfe zu holen.

Tipps:
Bei der Studentenvertretung oder bei Burschenschaften ist oft gutes Informationsmaterial zu erhalten.

» **Medizinischer Rat**
Stress oder studentischer Druck können zu gesundheitlichen Beeinträchtigungen führen. Bei Auftreten erster Symptome von Burn-out oder Depression ist es keine Schande, sich ärztlichen Rat zu suchen.

Tipps:
Autogenes Training, Yoga, Entspannungsübungen oder Sport allgemein helfen, dem Erstsemesterstress adäquat entgegenzutreten.

Einige Facheinrichtungen bieten Studentensport an zum Ausgleich und zum Kontakte knüpfen.

3.2 EIGENORGANISATION

Ein Studium stellt einen wichtigen Schritt auf der Karriereleiter dar. Es sollte jedoch jedem Studierenden am Beginn des Studiums bewusst sein, dass sich Automatismen erst im Laufe des Studiums einstellen können. Die erhöhte Anfangsbelastung nimmt somit stetig ab.

‚Ordnung ist das halbe Leben.' Diese Volksweisheit zeigt in Kurzform auf, dass ein gewisses Organisationstalent dazu beitragen kann, dem Erstsemester besser begegnen zu können. Auf ein Studium übertragen bedeutet dies:

- » Unterlagen und Lernmaterialien spezifisch abheften (am besten am Ende eines Vorlesungstages)
- » Verwaltungsunterlagen zur Wiedervorlage kopieren oder am Computer abspeichern.
- » Stifte, Blöcke, Taschenrechner bereithalten.

Es ist wichtig, dabei nicht unbedingt ein allgemein anwendbares Organisationsverfahren zu implementieren, sondern ein System zu realisieren, mit dem man selbst am besten zurechtkommt.
Jeder hat einfach andere Begabungen und Bedürfnisse!

3.3 UMORIENTIERUNG DES STUDIENGANGS

Das Recherchieren und Informieren über einen Studiengang ist in der Regel eine theoretische Angelegenheit. Beim Eintreten des Studienalltags kann es vorkommen, dass man feststellt, nicht die passende Entscheidung für sich selbst getroffen zu haben. Ebenso kann es vorkommen, dass der Studienort oder das allgemeine Umfeld nicht zusagt.

Je früher man sich deshalb mit der Thematik auseinander setzt, umso besser kann man eine Korrektur der Entscheidung vornehmen. ‚Was bringt schon ein Abschluss für einen Beruf, welchen man nicht ausüben möchte?'

Um die investierte Zeit und Ressourcen nicht als Totalverlust betrachten zu müssen, dienen folgende Ratschläge:

» Es ist anzuraten, das angefangene Semester abzuschließen. Die Studienzeit und erfolgreich abgeschlossene Abschlussprüfungen können vielleicht für einen anderen Studiengang angerechnet werden.
» Bei erfolgreichem Abschluss einzelner Abschlussprüfungen können diese (Lehranstaltsabhängig) als Einzelnachweise zertifiziert werden. Für zukünftige Bewerbungen können diese

Leistungsnachweise ein Auswahlkriterium für den Arbeitgeber darstellen.

- Das Knüpfen von Kontakten kann sich für die zukünftige berufliche Entwicklung als vorteilhaft darstellen. Wertvolle Kontakte sollten deshalb aufrecht erhalten bleiben.
- Es ist wesentlich, dass man sich aus eigenem Entschluss und nicht aufgrund mehrmaligem Nichtbestehen eines Studienfaches sich exmatrikulieren lässt. Ansonsten verwirkt man die Chance, bei einer anderen Lehreinrichtung den gleichen oder ähnlichen Studiengang nochmals angehen zu können.
- Eine alternative Ausbildung im angestrebten Beruf kann ein besserer Lebensweg sein als ein unbefriedigendes Studium.

Achtung:
Wer sein Studienfach erst nach dem dritten Semester wechseln will, muss einen ‚unabweisbaren Grund' vorweisen, um seinen Anspruch auf Bafög aufrecht zu erhalten (vgl. Herwig, 2015).

Das Leben besteht aus vielen Veränderungen. Eine Fehlentscheidung konsequent zu korrigieren gehört zur Entwicklung eines jeden erfolgreichen Menschen. Man sollte sich deshalb nicht hinter falschem Stolz verstecken und sich quälen, sondern lieber den für sich richtigen Weg einschlagen. Nichts desto trotz sollte man erste Rückschläge auch nicht überbewerten, sondern sich selbstkritisch fragen, ob der Studiengang den eigenen Interessen zumindest in großen Teilen entspricht.

4. WÄHREND DES STUDIUMS

Während eines Studiums kommen viele Studierende an ihre physischen und psychischen Grenzen. Besonders bei Misserfolg kann dabei schnell unvernünftiges Handeln den langfristigen Erfolg vermindern. In den nachfolgenden Kapiteln werden Ratschläge vermittelt, welche besonders in kritischen Situationen Lösungswege aufzeigen.

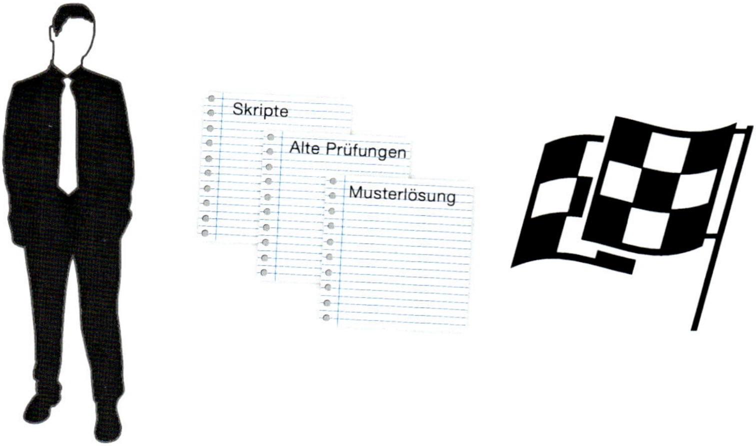

4.1 BESCHAFFUNG VON UNTERRICHTSMATERIAL

Studium: Außer Lesen nichts gewesen.
*Alexander Eilers (*1976), Aphoristiker*

Eine Vorlesung kann, wie der Name schon ausdrückt, nur eine grobe Wissensübermittlung vom Lehrbeauftragten zum Studierenden darstellen. Der einzelne Student ist stetig angehalten, sich selbst vertiefende Fachliteratur selbst anzueignen. Doch wenn man die Masse an Studienfächer eines Semesters betrachtet, kann das selbstverantwortliche Literaturstudium zum zeitraubenden Monstrum ausarten. Es bietet sich daher an, folgende Ratschläge zu befolgen:

- **Anfrage bei höheren Semesterkommilitonen**
  Kommilitonen aus höheren Semestern haben oft erfolgreich einzelne Fächer abgeschlossen. Deren bereits ausgearbeiteten Notizen oder Unterlagen könnten wertvolle Hinweise oder Ergänzungen zu den eigenen Notizen liefern. Eine Kontaktaufnahme erscheint somit hilfreich.
- **Unterrichtsmaterial Fernstudium**
  Viele Lehreinrichtungen bieten mittlerweile Möglichkeiten für Fernkurse oder zum Fernstudium an. Deren Lehrmaterial ist oft kompakt und mit vielen Übungsaufgaben versehen. Es bietet sich an, diese zu beschaffen und als Ergänzung zur eigenen Vorbereitung heranzuziehen. Auch deren Unterrichtskurse vor Ort sind oft zwar komprimiert, jedoch eher geeignet für vertiefende Fragestellungen.
- **Nachhilfekurse**
  Verschiedene Lehreinrichtungen bieten vertiefende Zusatzkurse zu besonders komplexen Studieninhalten an. Teilweise werden ebenso Nachhilfekurse angeboten, welche beispielsweise von älteren Semestern organisiert und durchgeführt werden. Das Unterrichtsmaterial ist dabei nicht immer auf dem neuesten Stand, jedoch können daraus durchaus wertvolle Hilfestellungen abgeleitet werden.

Tipps:
Fragen Sie bei Studenten in höheren Semestern um Nachhilfestunden an.

4.2 PRÜFUNGSDRUCK, PRÜFUNGSANGST UND ANDERE HÄRTEFÄLLE

Prüfungen messen, was die Angst übriggelassen hat...
Unbekannter Autor

In der Regel müssen am Ende eines Studiensemesters Leistungsnachweise in Form einer Abschlussprüfung bei den jeweiligen Studienfächern absolviert werden. Diese Leistungsabfrage kann bei mehrmaligem Nichtbestehen zur Exmatrikulation ohne Abschluss führen. Bei den meisten deutschen Lehreinrichtungen führt ein zweimaliges (teilweise dreimaliges) 'Nicht Bestehen' einer einzelnen Studienfachprüfung zur Exmatrikulation.

Um dem zunehmenden Prüfungsdruck gewachsen zu sein, können folgende Ratschläge genannt werden:

» **Härtefall beantragen**
Einige Lerneinrichtungen gestatten nach Zustimmung des Prüfungsausschusses bei Antrag eines Härtefalles noch einen weiteren Antrittsversuch. Es sollte deshalb die Studienordnung genau betrachtet werden, ob diese Option auch bei der angestrebten Lehreinrichtung möglich ist.

Mögliche Härtefälle sind beispielsweise familiäre Probleme, einige chronische Krankheiten oder besondere Umstände (zeitnaher Autounfall, etc.).

Tipps:
Nach Möglichkeit sollte bei 'Nicht Bestehen' der Wiederholungsabschlussprüfung immer ein Härtefallantrag gestellt werden. Auch bei Ablehnung in erster Instanz ist Einspruch einzulegen. Als letzter Schritt lohnt sich vielleicht der Weg zum Anwalt.

» **Urlaubssemester beantragen**
Die Vorbereitung für mehrere Studienfächer benötigt viel Zeit. Sollte bei einem Studienfach eine Gefährdung des gesamten Studienabschlusses denkbar sein, so bietet es sich an, sofern es die Studienordnung zulässt, ein Urlaubssemester zu beantragen. Urlaubssemester werden in unterschiedlicher Anzahl je nach Lehranstalt gewährt.

Das Urlaubssemester kann genutzt werden, um sich nur auf ein Fach zu konzentrieren, einerseits für den erfolgreichen Abschluss oder andererseits den Prüfungsstress zu entzerren.

Tipps:
Der Antritt eines Urlaubssemesters kann auch dazu führen, dass sich der Dozent für die Prüfungsstellung ändert und dadurch andere Schwerpunkte (welche dem Studierenden besser liegen) abgeprüft werden. Eine taktische Abwägung ist somit sinnvoll.

» **Prüfungseinsicht**
Eine durchgefallene Abschlussprüfung kann eine persönliche Niederlage darstellen. Sie ist aber ebenso eine Chance. In der Regel wird von den Lehreinrichtungen eine Prüfungseinsicht gestattet. Diese sollte vom Studierenden genutzt werden, um

einerseits die Fragestellungen zu kopieren, bzw. abzuschreiben und andererseits die eigenen gemachten Fehler zu analysieren. Des Weiteren kann der Fragestil und Frageschwerpunkt genauer betrachtet werden.

Die Prüfungseinsicht stellt somit eine Option dar, aus gemachten nachhaltigen Fehlern zu lernen. Außerdem ergibt sich auch die Möglichkeit, festzustellen, ob vielleicht ein Korrekturfehler vom Lehrbeauftragten vorliegt. Ebenso ermöglicht der direkte Kontakt mit dem Lehrbeauftragten die gemachten Fehler sich erklären zu lassen.

» **Optimale Prüfungsbedingungen**
Eine Abschlussprüfung kann einen weitreichenden Einfluss auf die zukünftige Karriereplanung einnehmen. Aufgrund dessen steht jedem Studierenden das Recht zu, optimale Prüfungsbedingungen vorzufinden. So sind Baulärm oder andere beeinträchtigenden Umfeldbedingungen inakzeptabel.

Es wird deshalb angeraten, bei nachhaltigen Störungen darauf zu bestehen, dass der eigene Einspruch in das Prüfungsprotokoll aufgenommen wird. Sollte man die Abschlussprüfung nicht bestehen, so kann eine Annullierung des Ergebnisses beantragt werden. Ohne Eintrag in das Prüfungsprotokoll sind die Erfolgsaussichten auf eine Annullierung wesentlich geringer.

» **Hilfsmittel**
Je nach Studienfach werden in der Regel von der Prüfungskommission oder vom Lehrbeauftragten verschiedene Hilfsmittel zugelassen oder untersagt. So kann beispielsweise im Fach Mathematik ein einfacher Taschenrechner erlaubt sein, jedoch ein Programmierbarer nicht.

Im Vorfeld sollten diese Hilfsmittel abgeklärt werden, um beispielsweise technische Vorteile auszunutzen.

Tabelle 10:
sinnvolle Hilfsmittel bei einer Prüfung

Erlaubtes Hilfsmittel	Vorteilsoption
Taschenrechner	Ein programmierbarer Taschenrechner ermöglicht das abspeichern von Formeln.
Hardcopies	Unterrichtsskripte, Notizen oder Formelsammlungen können verwendet und als Hilfestellung genutzt werden.
Formelsammlung	Formelsammlungen für Physik, Mathematik, Chemie, etc. vermindern die Notwendigkeit des stupiden und zeitraubenden auswendig Lernens. Teilweise sind auch eigene (selbst erstellte) Formelsammlungen erlaubt. Der Ableitungsweg lässt sich überdies vermindern.
Fachbücher	Fachbücher, wie Gesetzestexte oder Bestimmungsbücher können als wichtige Gedächtnisstütze herangezogen werden.

Tipps:
Manche Lehrbeauftragte stellen ein Skript im Netz zur Verfügung, welches jedoch vor einem Druckvorgang durch ein Passwort geblockt ist. Es wird empfohlen, Screenshots anzufertigen. Auch der Wechsel zu einem anderen Betriebssystem (beispielsweise Linux) ermöglicht oft das Drucken von Skripten.

» **Alte Prüfungsvorlagen**
Wissen wird in der Regel durch Prüfungen abgefragt. Doch jeder Lehrbeauftragte hat seine eigenen Schwerpunkte und seinen eigenen Stil. Es bietet sich deshalb an, alte Prüfungen zu beschaffen, um sich einerseits besser selbst vorzubereiten und sich andererseits den Vorstellungen des Prüfers hinsichtlich der geforderten Antworten eher anzunähern.

Alte Prüfungen werden oft von Studenten gegenseitig ausgetauscht. Oft halten Studentenverbindungen oder Burschenschaften entsprechende Unterlagen vor. Es bietet sich auch an, höhere Studiensemester nach alten Prüfungsunterlagen zu fragen. Die Prüfungseinsicht ist überdies eine Option, die Fragestellungen ggf. mit Musterlösungen zu erhalten.

Tipps:
Fernstudiengänge an der gleichen Lehreinrichtung besitzen oft sehr zugeschnittene Aufgabensammlungen, welche gerne von den Lehrbeauftragten als Hilfestellung für Abschlussprüfungen für Direktstudiengänge herangezogen werden. Eine Investition in diese Aufgabensammlungen kann somit als gute Prüfungsvorbereitung dienen.

» **Anerkennungsverfahren**
Die angenehmste Abschlussprüfung stellt eine dar, welche man gar nicht antreten muss. Viele Lehreinrichtungen erlauben Anerkennungsverfahren für bereits erbrachte Studienleistungen.

Viele Studierende haben im In- und Ausland bei anderen Lehreinrichtungen bereits unter Beweis gestellt, dass Sie sich mit der Materie eines Studienfaches auseinander gesetzt und umfangreiches Wissen erworben haben. Diese bereits erbrachte Studienleistung kann bei einigen Lehreinrichtungen mithilfe eines Anerkennungsverfahrens auf ein oder mehrere bestimmte Studienfächer übertragen werden.

Bei einem Anerkennungsverfahren ist es in der Regel von hoher Relevanz, dass sich die bereits erbrachte Studienleistung sich in großen Teilen mit den Inhalten des Studienfaches überschneidet. Aufgrund dessen, sollte man diese Inhalte genau prüfen. Teilweise können auch mehrere erbrachte Studienleistungen als Beleg für ein Studienfach aufgeführt werden. Folgende Hinweise sind dabei hilfreich:

- Setzt sich ein Studienfach aus verschiedenen Unterstudienfächern mit jeweiligen Teilabschlussprüfungen zusammen, sollte vorzugsweise versucht werden, sich das ganze Studienfach anerkennen zu lassen. Bei Ablehnung sollte man erfragen, ob vielleicht nur Teilabschlussfächer für ein Anerkennungsverfahren in Betracht kommen.

  Manche Lehreinrichtungen erlauben ein Anerkennungsverfahren für einen gesamten Studienschwerpunkt, bestehend aus vielen Einzelstudienfächern. Ein durchdachtes Anerkennungsverfahren kann somit die Studienzeit nachhaltig verkürzen.

- Bei Anerkennungsverfahren müssen in der Regel Studiennachweise eingereicht werden. Zu viele Anerkennungsverfahren gleichzeitig können die Prüfungskommission negativ stimmen. Außerdem kann dadurch vielleicht eine bereits erbrachte Studienleistung mehrmals als Beleg verwendet werden.

- Eine schöne Aufmachung der Unterlagen kann den Prüfer positiv in seiner Entscheidungsfindung beeinflussen.

- Bestimmte Lehreinrichtungen erlauben nur eine begrenzte Anzahl an Anerkennungsverfahren. Die Wahl des Anerkennungsverfahrens sollte somit durchdacht erfolgen. So macht es Sinn, sich besonders die Fächer anerkennen zu lassen, welche entweder eine hohe Durchfallquote vorweisen oder einem von Grund aus nicht so liegen.

- Auch eine berufliche Ausbildung oder freiwillige Praktika können als Anerkennung herangezogen werden.

Tipps:
Das persönliche Gespräch mit dem Lehrbeauftragten kann sich bei guter Vorbereitung überzeugender auswirken, als unpersönlich eingereichte Papierunterlagen.

Ist eine Studienleistung einmal anerkannt worden, so gilt dies praktisch als Rechtsanspruch. Eine nachträgliche Aberkennung ohne triftigen Grund (beispielsweise betrügerische Absicht des Studierenden) kann somit gerichtlich angegangen werden.

4.3 EXTREME HÄRTEFÄLLE

Ein Studium verlangt von den Studierenden oft einen hohen Einsatz an finanziellen Ressourcen ab. Trotz entsprechender Talente und einem überdurchschnittlichen Einsatz kann es jedoch dazu kommen, dass der erfolgreiche Abschluss eines Studiums ernsthaft gefährdet ist. Beispielsweise könnte in einem Studienfach die Gefahr eines Nichtbestehens auch bei mehrmaligem Anlauf potenziell möglich sein.

Um nicht ein mehrjähriges Bemühen erfolglos beenden zu müssen, sollten nachfolgende Hinweise beachtet werden:

» **Alternative Abschlussprüfung an einer anderen Lehreinrichtung**
Abschlussprüfungen von Studienfächern werden in der Regel von den jeweiligen Lehrbeauftragten erstellt. Dies bedeutet, dass entsprechende Prüfungsschwerpunkte auch einen individuellen Charakter besitzen.

Sollte der Studierende mit diesem Prüfungsschwerpunkt hinsichtlich des Bestehens mit großen Problemen konfrontiert sein, so bietet es sich an, ein Anerkennungsverfahren anzustreben.

Beispielsweise könnte man das entsprechende Studienfach an einer anderen Lehreinrichtung erfolgreich beenden. Es bietet sich dabei das klassische Fernstudium an. Wichtig ist, darauf zu achten, dass der Studieninhalt und das gesamte Studienfach basierend auf dem Bologna-Prozess als identisch gelten.

Tipps:
Manche (besonders private) Lehreinrichtungen bieten das Absolvieren von einzelnen Studienfächern auch ohne Immatrikulation an.

» **Studienfacharbeiten**
Der Beleg zum Erlangen ausreichender wissenschaftlicher Kenntnisse in einem Studienfach kann entweder über eine Abschlussprüfung oder mithilfe einer Studienfacharbeit erfolgen. Der Studierende wird dabei aufgefordert, sich mit einer bestimmten Thematik detaillierter auseinanderzusetzen und die Resultate in schriftlicher Form abzugeben.

Bei kritischen Studienfächern sollte nach Prüfung der Studien- und Prüfungsordnung diese Option in Betracht gezogen werden.

» **Erkrankung während der Abschlussprüfung**
Besonders bei der Wiederholungsprüfung, von der der Erfolg des gesamten Studiums abhängt, kann der mentale Druck sehr groß werden. Stellt sich beim Beantworten der Abschlussprüfungsfragen heraus, dass die gesundheitliche Beeinträchtigung zu stark wird, sollte dies dem Prüfer vor Ort baldmöglichst mitgeteilt werden, um eine Annullierung des Prüfungsantritts zu erreichen. Wichtig ist, darauf zu achten, dass ein Vermerk im Prüfungsprotokoll aufgenommen wird.

Bei chronischen Erkrankungen kann ein ärztliches Attest auch als Härtefall für einen erneuten Prüfungsantritt zugezogen werden.

Tipps:
Eine ärztliche Krankmeldung ermöglicht in der Regel ohne Versäumnisbefürchtung, dass eine Prüfung nochmals angetreten werden kann.

» **Durchdachter Studienortwechsel**
Bevor eine Exmatrikulation droht, ist die Option eines Studienortwechsels anzudenken. Dabei sollte bedacht werden, dass
- die neue Lehranstalt die bisher erbrachte Studienleistung auch anerkennen wird.
- sich das kritische Studienfach unter den neuen Voraussetzungen (anderer Studienfachschwerpunkt, anderer Lehrbeauftragter, etc.) entschärft.
- der Studienortwechsel von der bisherigen Lehranstalt auch ohne nachteilige Auswirkungen auf den eingeschlagenen Studiengang ermöglicht wird.

Wesentlich für einen Studienortwechsel kann auch sein, eine gute Begründung vorweisen zu können. Dabei können private, familiäre wie auch berufliche Gründe genannt werden.

Tipps:
Eine genaue Kenntnis der Studien- und Prüfungsordnung zeigt wichtige Hilfestellungen zur Umgehung von schwierigen Abschlussprüfungen auf.

4.4 SONSTIGE EMPFEHLUNGEN

Während eines Studiums kann es immer wieder zu unterschiedlichsten Komplikationen kommen. Die nachfolgenden Hinweise zeigen einige Optionen zu verschiedenen Thematiken auf:

» **Leichte Nebenfächer/Wahlpflichtfächer**
In vielen Studiengängen wird die erfolgreiche Absolvierung von entsprechenden Nebenfächern bzw. Wahlpflichtfächern erwartet. Aufgrund der Tatsache, dass die Pflichtfächer bereits schon zeitraubend sind und eine hohe Belastung darstellen, sollte beim Entscheidungsfindungsprozess dieser Neben-/Wahlpflichtfächer eine durchdachte Auswahl getroffen werden. Dabei sollten besonders Studienfächer gewählt werden,

- welche den eigenen Fähigkeiten und der persönlichen Interessenslage entgegen kommen
- welche eine geringe Vorbereitungsphase besitzen
- welche einen überschaubaren Lehrinhalt aufweisen
- welche eine gute Betreuung (gute Studienbriefe, gutes Lehrmaterial, gutes Prüfungsvorbereitungsmaterial, etc.) besitzen
- welche sich für die spätere Berufsausübung als nützlich erweisen
- welche bei späteren Bewerbungen ein Alleinstellungsmerkmal besitzen.

Tipps:
Es bietet sich an, Nebenstudienfächer auszuwählen, welche sich vielleicht im Verbund zum Erwerb einer Zusatzqualifikation eignen, wie Gefahrstoffbeauftragter, Immissionsschutzbeauftragter, Abfallbeauftragter, Gewässerschutzbeauftragter, Probenehmerschein, etc.

» **Beschuldigung Betrugsabsicht**
Es soll schon vorgekommen sein, dass nach erfolgreichem Studienfachabschluss nachträglich die Abschlussnote aufgrund von Beschuldigungen des Lehrbeauftragten herabgestuft wird. Klassische Beispiele sind der Vorwurf des Abschreibens, des Spickens oder die Zuhilfenahme von unerlaubten Hilfsmitteln. Dagegen sollte grundsätzlich Einspruch eingelegt werden.

Tabelle 11:
typische Betrugsvorwürfe

Betrugsvorwurf	Detailerläuterung
Vorwurf des Abschreibens	Der Lehrbeauftragte unterstellen, dass man abgeschrieben hat und belegt dies durch die Offenlegung und den Vergleich mehrerer Abschlussprüfungstexte.

Einspruchsoption:
Durch einheitlich bereit gestelltes Studienmaterial oder das Bilden von Lerngruppen, kann es dazu kommen, dass mehrere Studierende den gleichen Wissensstand erlangen. Dies kann darin gipfeln, dass Textpassagen sich sehr ähneln können.

Spicken

Während der Prüfung wird durch den Lehrbeauftragten unterstellt, dass unerlaubte Notizzettel zum Erreichen des Prüfungsziels zu Hilfe genommen wurden.
Einspruchsoption:
Wenn diese ‚unerlaubten' Unterlagen außerhalb der Erreichbarkeit des Studierenden aufbewahrt wurden, beispielsweise im (verschlossenen) Rucksack, so konnten diese Informationen gar nicht für die Abschlussarbeit verwendet werden. Außerdem ist es in der Regel erlaubt, vor einer Prüfung wichtige Informationen in Kurz- oder Langzeitgedächtnis aufzufrischen.

Unerlaubte Hilfsmittel

Die erlaubten Hilfsmittel müssen vor Beginn der Abschlussprüfung vom Lehrbeauftragten benannt werden. In der Regel ist auch ein Vermerk auf der Prüfung selber ersichtlich. Häufige Vorwürfe werden dem Studierenden dann oft gemacht, wenn er zwar nicht ausgeschlossene aber doch sehr spezielle Hilfsmittel zur Verfügung hat (beispielsweise ein durch Passwort geschütztes Skript).
Einspruchsoption:
Das verwendete Hilfsmittel wurde nicht durch den Lehrbeauftragten untersagt. Die Verwendung von spezifischen Hilfsmitteln unterstreicht hingegen die aufwendigere Vorbereitung. Der Vorwurf der Wettbewerbsverzerrung ist überdies auch nicht zutreffend, da eine besondere Raffinesse nicht pauschal untersagt werden kann.

Vorsagen/ Informations-austausch während der Prüfung	Ein häufiger Betrugsvorwurf stellt das Vorsagen dar. Es wird dem Studierenden vorgeworfen, entweder einem anderen Kommilitonen unerlaubter Weise geholfen, oder selbst akustische Unterstützung in Anspruch genommen zu haben. **Einspruchsoption:** Gesprochene Worte sind in der Regel nicht digital festgehalten. Es steht somit Aussage gegen Aussage. Außerdem kann in der Regel schwer belegt werden, dass akustische Signale von Anderen einem bestimmten Studierenden gegolten haben. Eine pauschale Schuldzuweisung ist in der Regel nicht gestattet. Des Weiteren besteht die Option, gedankenversunken kleine Selbstgespräche zu führen oder einfach nur gehustet zu haben.

Vermeintlich beobachtete Betrugsabsichten sind vom Lehrbeauftragten im Prüfungsbericht zu vermerken. Ist darin keine Eintragung vorgenommen worden, dann besteht eine größere Chance für den Erfolg eines späteren Einspruches. Im Streitfall ist der Rechtsweg einzuschlagen.

Tipps:
Bei unklaren Beweismitteln bietet es sich an, als Kompromiss anstelle eines ‚Nicht Bestanden' eine Annullierung der Prüfung zu vereinbaren.

» **Mündliche Prüfung**
Der Beleg von ausreichend wissenschaftlichen Kenntnissen in einem Studienfach kann nicht nur durch eine schriftliche Abschlussprüfung sondern auch durch eine mündliche erfolgen. Das freie Sprechen stellt dabei für viele Studierende eine große Herausforderung dar. Folgende Hinweise sind dazu hilfreich:

Tabelle 12:
Hinweise für die mündliche Prüfung

Hinweis	Erläuterung
Studien(-wahl-)fach Rhetorik	An vielen Lehreinrichtungen kann das Studienfach Rhetorik belegt werden. Dies kann als gute Vorbereitung für eine spätere mündliche Prüfung dienen. In der Regel werden wertvolle Hinweise für eine professionelle Präsentation und eine gute Vorbereitung vermittelt.
Roter Faden	Auch eine mündliche Prüfung bedarf eines Roten Fadens. Man sollte sich somit nicht in zu viele Details verzetteln, welche den Prüfer zu unangenehmen Fragestellungen verleiten könnten. Außerdem ist es zu vermeiden, sich selber zu widersprechen. Idealerweise beendet man seine Antwort mit einem (versteckten) Hinweis für eine gewollte Folgefrage.
Sprechweise	Die Sprechweise sollte ruhig und bedacht erfolgen. Es gilt nicht unbedingt so viele Informationen wie möglich pro Zeiteinheit darzulegen, sondern zu belegen, über entsprechendes Fachwissen zu verfügen. Mündliche Prüfungen sind mit einer zeitlichen Begrenzung ausgelegt. Je ruhiger man also spricht und je durchdachter man die Antworten formuliert, desto eher läuft die Uhr für den Studierenden. Für Studierende bietet es sich an, seine Sprechweise auch im Vorfeld zu trainieren, beispielsweise mit einem Kommilitonen.

» **Zusatzqualifikation**
In der Regel wird von allen Studierenden ein einheitlicher Studienabschluss angestrebt. Dies birgt zwar den Vorteil, dass sich auf dem Arbeitsmarkt klare Anwendungsprofile sich bilden können, bedeutet jedoch auch im Umkehrschluss, dass ein gewisser Konkurrenzmarkt von ausgebildeten Fachkräften existiert.

Für Studierende leitet sich dadurch der Druck ab, bestimmte Alleinstellungsmerkmale sich zu erarbeiten. Der Erwerb von Zusatzqualifikationen ist dabei eine Option:

Tabelle 13:
optionale Zusatzqualifikationsmöglichkeiten

Alleinstellungsmerkmal	Detailerläuterung
Auslandssemester	Manche Lehreinrichtungen bieten die Möglichkeit an, eine gewisse Zeit im Ausland zu verbringen, beispielsweise in Form eines Praktikums. Diese Art der Weiterbildung eröffnet die Option, internationale Kontakte zu knüpfen, Auslandserfahrung zu sammeln und ggf. auch eine sprachliche Ausbildung zu erfahren. Des Weiteren zeigt ein Auslandssemester die eigene Selbstständigkeit und das eigene Selbstbewusstsein auf.
Wahlstudienfächer	Größere Lehrveranstaltungen bieten oft die Möglichkeit an, verschiedene Wahlstudienfächer zu belegen. Eine durchdachte Auswahl kann dabei das Erlangen einer wertvollen Zusatzqualifikation (mit oder ohne Zertifikat) (Sicherheitsbeauftragter, Probennehmerschein, Ausbilderschein, etc.) bedeuten, welche das Alleinstellungsmerkmal steigert.

Studienzeit	Positiv auf eine Bewerbung wirkt sich ein Hinweis aus, wenn beispielsweise ein Studiengang vor Vollendung der Regelstudienzeit absolviert wird. Dies zeigt dem potenziellen Arbeitgeber auf, dass zeit- und ressourceneffizient agiert wird.

» Praxissemester

Ein Praxissemester hat ursprünglich den Zweck, den Studierenden bereits während des Studiums an die Unternehmenswelt heranzuführen. Gleichzeitig stellt es eine Möglichkeit dar, bereits frühzeitig mit der Arbeitsplatzakquise zu beginnen. Die Auswahl des Praktikumsbetriebs sollte deshalb mit Weitblick auf die zukünftige Übernahmemöglichkeit erfolgen.

Des Weiteren bietet ein Praxissemester die Chance, sich einerseits bereits im Betrieb zu profilieren und andererseits eine potenzielle zukünftige Traineezeit zu umgehen. Eine andere Option stellt dabei auch die Erstellung der Bachelor-, Master- oder Diplomarbeit in Kooperation mit einem Institut, einer Behörde oder einem Betrieb dar.

5. STUDIEN-/BACHELOR-/ MASTER- UND DIPLOMARBEIT

Googlen, v., abl. von Google, Suchmaschine:
Sich die geistige Grundlage Eines Diplomes erarbeiten.
*Karsten Mekelburg (*1962), deutscher Satiriker*

Eine Bachelor-, Master- oder Diplomarbeit bildet in der Regel den Abschluss eines Studienganges. Dabei wird von dem Studierenden verlangt, die im Studium erlernten Techniken und das Wissen zielgerichtet anzuwenden.

Üblicherweise wird der Studierende in Form von verschiedenen Hausarbeiten oder Facharbeiten auf die Erstellung einer derartigen Abschlussarbeit vorbereitet. Häufig wurden im Studium Techniken aufgezeigt oder Formvorlagen dargelegt, an die sich der Studierende zu richten hat.

In der Regel besitzen Abschlussarbeiten einen ähnlichen allgemeinen Aufbau. Um die Erstellung deshalb zu erleichtern, biete es sich an, die nachfolgenden Hinweise zu berücksichtigen.

5.1 ALLGEMEINER AUFBAU DER ABSCHLUSSARBEIT

Eine Abschlussarbeit ist in der Regel gegliedert in eine Einleitung, einen Hauptteil und in ein zusammenfassendes Fazit. Zu jedem dieser Bereiche können folgende Empfehlungen genannt werden:

Tabelle 14:
allgemeine Aufbauhilfen bei einer Abschlussarbeit

Grundaufbau einer Abschlussarbeit	Erläuterung
Einleitung	Viele Personen haben das Problem, einen passenden Einstieg in ein Thema zu finden. Zur Erleichterung bietet es sich an, beispielsweise mit einem Zitat zu beginnen. Im Internet existieren eine Vielzahl von Zitatseiten, welche zu vielen Themenstellungen eine passende Passage nennen: www.zitate.de/ www.zitate.eu/ www.aphorismen.de Dabei sollte darauf geachtet werden, dass nicht nur das Zitat sondern auch der Zitatgeber mit der Themenstellung kompatibel ist und entsprechend genannt wird. Eine andere Möglichkeit, einen passenden Einstieg in ein Thema zu finden, stellt die Option dar, die Einleitungen von entsprechender Fachliteraturen / aktuelle Ereignisse (Artikel aus Fachzeitschriften) zu studieren. Daraus ergeben sich dann häufig Ideen für einen Themeneinstieg. Schlussendlich existiert noch die Möglichkeit, anhand von aktuellen Fakten oder statistischen Erhebungen die Thematik einleitend

zu beschreiben. Gleichzeitig wird die Notwendigkeit der Arbeit unterstrichen.

Eine typische Untergliederung einer klassischen Einleitung lautet beispielsweise:

- Problemstellung
  Damit wird in einem gesonderten Unterkapitel der Forschungsschwerpunkt mit den problematischen Ansatzpunkten dargestellt. Gleichzeitig wird der wissenschaftliche Wert der eigenen Arbeit hervorgehoben.
- Gang der Untersuchung
  Im Unterkapitel Gang der Untersuchung wird der Aufbau des Haupt- und Schlussteils dargestellt. Er kann auch dazu dienen, die Seitenzahl etwas zu erhöhen (einfach zu erstellende Textpassagen, da nur die bestehende/vereinbarte Gliederung in Worten ausformuliert wird).

Hauptteil

Der Aufbau des Hauptteils ist sehr Themen- und Lehreinrichtungsabhängig. Allgemein kann nur empfohlen werden, mit einer Definition der wichtigsten Begriffe zu beginnen. Eine gute Auswahl an fachgeprüften Definitionen bietet hierzu das Gabler Wirtschaftslexikon an (http://wirtschaftslexikon. gabler.de/). Jedoch können auch klassische Literaturquellen, wie Duden oder das Lexikon herangezogen werden. Überdies ist hierbei zu empfehlen, eine internationale Betrachtung nicht außer Acht zu lassen. Die Entwicklung einer eigenen Definition anhand verschiedener Sachverhalte oder Literaturverweise wird von vielen Prüfern auch oft positiv bewertet.

Ein weiterer wesentlicher Bereich des Hauptteils stellt die Grundlagendarstellung dar. Darin sollte die theoretische und aktuelle Faktenlage erläutert werden. Darauf aufbauend kann man dann mit den eigenen Erkenntnissen und Resultaten beginnen.

Wesentlich für einen Hauptteil ist der ‚Rote Faden', also der leitende verbindende Grundgedanke (vgl. Bibliographisches Institut GmbH, 2015). Der Aufbau des Hauptteils sollte somit logisch und zusammenhängend gestaltet werden.

Die größte Gefahr für eine Abschlussarbeit stellt die Themaverfehlung dar. Aufgrund dessen wird angeraten, regelmäßig mit seinem Betreuer Rücksprache zu halten und auch Zwischenversionen einzureichen.

Schlussteil / Fazit

Im Schlussteil soll in der Regel eine Zusammenfassung der Erkenntnisse vorgenommen werden. Auch hier bietet es sich für den Einstieg an, mit einem Zitat zu beginnen.

Im Fazit wird die Erwartungshaltung und das Ergebnis zusammengefasst.
Beispiel: Erwartung: Gibt es einen Yeti?
Ergebnis Hauptteil: Es existieren einige gefestigte Indizien! Schlussfolgerung: Es gibt (keinen) Yeti!

Tipps:
Die subjektive Eigenanalyse ist oft strenger als die objektive Fremdbetrachtung. Aufgrund dessen wird empfohlen, die eigene Abschlussarbeit selber zu bewerten (siehe hierzu als Hilfestellung Anhang b). Selbstständig detektierte Schwachstellen sollte man nachgehen. Dadurch kann eine Nachbearbeitung erleichtert werden.

5.2 SONSTIGE EMPFEHLUNGEN

Eine Abschlussarbeit stellt jedoch auch einen sehr zeitraubenden Faktor dar, welcher eine Vielzahl von Optimierungspotenzialen besitzt:

Tabelle 15:
Optimierungspotenziale bei Studien-, Haus-, Bachelor-, Master- oder Diplomarbeiten

Optimierungs-potenzial	Erläuterung
Automatisierte Verzeichnisse	Eine Abschlussarbeit besitzt in der Regel ein Inhalts-, Literatur-, Abbildungs- und Tabellenverzeichnis. In bestimmten Fällen können auch noch Formel- und Stichwortverzeichnisse ergänzend gefordert sein. Moderne Textverarbeitungsprogramme wie Microsoft Word bieten hierzu vielseitige Hilfestellungen an. Es bietet sich somit an, die Möglichkeiten des angestrebten Textverarbeitungsprogrammes zuerst zu erlernen und dann mit maximalem Zeiteinsparungspotenzial anzuwenden.
Rechtschreibung und Grammatik	Eine fehlerfreie Rechtschreibung und Grammatik wird in der Regel von der Lehreinrichtung hinsichtlich der Abschlussarbeit vorausgesetzt. Abweichungen von dieser Norm führen oft zu einer schlechteren Benotung. Aufgrund dessen empfiehlt es sich, neben dem eigenen Sprachgefühl auch technische Unterstützungsmedien heranzuziehen. Viele Textverarbeitungsprogramme haben oft ein integriertes Rechtschreibkorrekturprogramm.

Diese sind für den Alltagsgebrauch oft ausreichend hingegen für eine Abschlussarbeit teilweise nicht exakt genug.

Beispielsweise bietet Microsoft für seine Officeprodukte zusätzliche Rechtschreibprogramme an, welche hinsichtlich Grammatik und Wortkorrektur ein breiteres Spektrum abdecken.

Des Weiteren existieren auf dem Markt noch weitere Zusatzmodule, wie von der 'Bibliographisches Institut GmbH', welche welche ein professionelles Rechtschreib- und Grammatikprogramm vermarkten und vertreiben (beispielsweise Duden 9.0).

Wesentlich für die Anschaffung von derartigen softwaretechnischen Hilfswerkzeugen ist es, darauf zu achten, dass diese Programme auch mit dem eigenen Textverarbeitungsprogramm kompatibel sind.

Im Internet bieten auch verschiedene Seiten eine teilweise kostenlose Rechtschreibkorrektur an:
http://www.duden.de/rechtschreibpruefung-online/
https://rechtschreibpruefung24.de/
http://www.korrekturen.de/rechtschreibpruefung.shtml
https://www.languagetool.org/de/
http://de.langenscheidt.com/fremdwörterbuch/

Diese online Internetseiten verweisen jedoch oft darauf, dass kein Anspruch auf Vollständigkeit besteht. Außerdem bleibt die Problematik, dass eine Abschlussarbeit oft sehr viel Text beinhaltet, deren online Korrektur sich sehr mühsam gestaltet.

Sollte trotz aller technischen Hilfsmittel noch eine Expertenkorrektur notwendig sein, so wird empfohlen, eine Lektoratkorrektur anzustreben:
http://www.lektorat-korrektur.de/
http://www.korrektur-plus-lektorat.de/

Es wird überdies nahe gelegt, einen Lektor auszuwählen, welcher auch Kenntnisse in der Materie aufweisen kann. Dadurch werden neben Rechtschreib- und Grammatikfehlern auch inhaltliche Schwachstellen aufgezeigt.

Statistiken, Hintergrunddaten

Datenmaterial sollte in der Regel mit Fakten belegt werden, um die gewonnenen Resultate besser bewerten zu können. Für eine eigene Datenerhebung zur Absicherung der Erkenntnisse ist oft das Zeit- und Ressourcenmanagement zu begrenzt. Es bietet sich deshalb an, Statistiken von anderen Organisationen heranzuziehen. Folgende Internetseiten können dabei hilfreich sein:

» Statistisches Bundesamt: https://www.destatis.de/DE/Startseite.html?nsc=true&https=1&__site=
» Statistikportal Statista: http://de.statista.com

Wesentlich für die Übernahme von Statistiken ist eine Betrachtung der Erfassungsmethoden und der Datenbasis. Ansonsten ist ein Vergleich von Ergebnissen nur bedingt möglich.

Fachliteratur

Eine Abschlussarbeit hat oft den Anspruch, neue Erkenntnisse zu ermitteln. Eine Recherche von Fachliteratur kann hierzu eine gute Basis liefern. Oft begrenzt sich der Studierende jedoch selber auf die Bibliothek der Lehreinrichtung und auf das Internet. Doch folgende Optionen sollten mit in Betracht gezogen werden:

- » Fernleihe
  Viele Bibliotheken bieten eine (kostenlose) Fernleihe an. Aufgrund dessen sollte rechtzeitig mit Auswahl an Büchern und Fachzeitschriften begonnen werden, um Zeitverlust aufgrund von langen Lieferzeiten zu vermindern.
- » Online Bücher
  Viele Portale bieten kostenlos online Bücher an, welche in Gänze oder teilweise eingelesen werden können (siehe dazu https://books.google.de/)

Literaturverweise in Büchern weisen oft auch auf andere Fachbücher hin, welche für die eigene Abschlussarbeit von Relevanz sein können. Die Literaturangaben sollten deshalb genauer betrachtet werden.

Die Verwendung von Fachliteratur ist keine Schande! Ausführliche Literaturangaben stellen sogar manchmal eine Notwendigkeit dar, um die Auseinandersetzung mit der Thematik und dem Sachverhalt zu belegen. Wesentlich ist jedoch, dass die Zitierweise einheitlich und vollständig erfolgt.

Plagiatscan

Auch bei sorgsamer Literaturauswertung kann es vorkommen, dass andere Autoren gleiche oder ähnliche Formulierungen schon einmal in einer veröffentlichten Textpassage verwendet haben. Um sich nicht der Gefahr auszusetzen, die erbrachte Leistung aberkannt zu bekommen, ist es grundsätzlich sinnvoll, einen Plagiatscan durchführen zu lassen. Dafür bieten verschiedene online Anbieter unterschiedliche Produkte an:
http://www.plagscan.com/de/
http://www.plagiatefinder.de/

Teilweise werden Plagiatscanner auch von der Lehreinrichtung kostenlos angeboten.

Plagiatscannner suggerieren dabei aber auch eine nur vermeintliche Sicherheit. In der Regel können nicht alle Veröffentlichungen abgeglichen werden. Es ergibt sich eine Sicherheitsquote von ca. 70% (persönliche Erfahrung) je nach Qualität des Plagiatscanners. Die Verwendung eines Plagiatscanners unterstreicht die Bemühung, urheberrechtskonform zu arbeiten. Außerdem kann der Anteil an Literaturangaben dadurch erhöht werden, was sich vielleicht positiv für die Gesamtbenotung auswirkt.

Allgemein wird empfohlen, Plagiatscanner auszuwählen, welche auch die Übernahme der gefundenen Literatur in die Abschlussarbeit begünstigen.

Aufmachung

‚Kleider machen Leute!' Das gleiche gilt auch für eine Abschlussarbeit. Eine ansprechende Aufmachung, beispielsweise eine aufwendige Buchbindung, eine ausreichende Seitenzahl, ein anschaulicher Druck und ein klarer Seitenumbruch können sich positiv auf die Benotung auswirken.

5.3 EXTREME HÄRTEFÄLLE

Man stelle sich folgende Situation vor: Die Literaturrecherche verlief ins Leere, der Betreuer ist mit den bisherigen Texten der Abschlussarbeit unzufrieden und der Zeitdruck für die Abgabe nimmt zu. In diesem Fall erscheint es durchaus gerechtfertigt, professionelle Unterstützung anzufragen. Auf dem Markt bieten hierzu eine Vielzahl von Anbietern Hilfe an, welche vom Coaching bis hin zu Textvorschlägen reichen:

- http://die-wissens.de/
- http://ghostwriter.de/
- http://www.agentur-texte.de/

Vor einer Kontaktaufnahme sollte man sich jedoch bereits vorher zu den verschiedensten Bereichen umfangreiche Gedanken machen:

Tabelle 16:
wesentliche Aspekte vor der Kontaktaufnahme mit einer Fachorganisation

Aspekt	Erläuterung
Kosten / Preis	Eine Fach- oder Expertenbetreuung hat in der Regel seinen Preis. Je spezifischer Fachwissen abgefragt wird, desto höher fällt in der Regel der Preis für die Dienstleistung aus. Auf dem Markt werden häufig auch kostengünstige Dienstleistungen angeboten. Aufgrund dessen bietet sich die Faustregel an: ‚Wenn sie ein Fachexperte wären, welchen Stundenlohn würden sie von der Gegenseite verlangen? Kann ernsthaft ein Expertenrat für nur 5 Euro die Stunde abverlangt werden?‘ Es stellt sich somit die Fragestellung, ob man primär auf Qualität oder auf den Preis Wert legt.
Inhalt	Je mehr Einschränkungen dem Fachexperten auferlegt werden, desto schwerer wird es für eine Umsetzung. Eine Anpassung eines bereits verfassten Textes kann oft aufwendiger und dadurch kostenintensiver werden. Allgemein wird empfohlen, eine frühzeitige Kooperation anzustreben.

Themenstellung	Die Themenstellung sollte dem Couch klar und verständlich mitgeteilt werden. Außerdem sollte man mehrere Zwischenlieferungen vereinbaren, um Fehlentwicklungen rechtzeitig entgegen zu wirken. Es bietet sich an, die Resultate mit der Lehranstalt hinsichtlich des Inhalts abzuklären.
Formatvorlagen	Ein Fachexperte sollte sich primär auf die fachgerechte Erstellung der Abschlussarbeit konzentrieren. Formatvorlagen der Lehreinrichtung sollten primär vom Studierenden übernommen werden (um Extrakosten zu vermeiden).
Zeitrahmen	Die Kosten für ein Coaching stehen oft im Zusammenhang mit dem Zeitrahmen. Je zeitnaher ein Projektabschluss angestrebt wird, umso höher fallen in der Regel die Kosten aus. Auch die Qualität des Coachings hängt davon ab, da der beauftragte Betreuer auch Zeit benötigt, sich in die spezifische Fachmaterie intensiver einzuarbeiten.
Datenrecherche	Auch ein Coaching hat seine Ressourcengrenzen. So sind in der Regel eine Mitwirkung an einer Datenrecherche oder Interviews durch den Coach nicht möglich. Primär kann ein Coach wertvolle Hinweise zur richtigen Datenerfassung und Auswertung liefern. Auch Ratschläge zur Recherche von Sekundärliteratur sind möglich.
Fremdsprachen	Für die Auswertung von internationalen Daten ist darauf zu achten, dass der Coach auch entsprechende Fremdsprachen beherrschen sollte.

Bei der Anfrage nach Hilfestellung sollte deshalb dieses Detail unbedingt erwähnt werden.

Die Bearbeitung von Härtefällen stellt besondere Herausforderungen sowohl für den Studierenden als auch für den Betreuer dar. Bei der Anfrage sollten sich deshalb rechtzeitig Gedanken gemacht werden, ob und in welchem Ausmaß eine Unterstützung realistisch möglich wäre. Selbst ein Fachexperte kann nicht in 24 Stunden 100 Seiten Text ausarbeiten, in der richtigen Formvorlage, zum Sparpreis.

Wichtig ist, dabei zu beachten, dass man sich in gewissem Maße in eine Abhängigkeit zum Coach begibt. Die Grenzen zwischen Coaching und das Verwenden von nicht selbst erarbeiteten Textpassagen sind dabei oft problematisch. Das gegenseitige Vertrauensverhältnis erscheint deshalb entscheidend. Eine vertragliche Absicherung wird angeraten.

6. NACH DEM STUDIUM

'Nach dem Studium ist vor dem Studium.' So lautet ein umgewandelter Fußballspruch (vom ehemaligen Bundestrainer Sepp Herberger). Auf die Thematik angepasst bedeutet dies, dass für eine zukünftige Verwendung der erbrachten Leistung vorgesorgt werden sollte. Folgende Empfehlungen können dazu genannt werden:

Tabelle 17:
Empfehlungen für die Zeit nach dem Studium

Aspekt	Erläuterung
Staatliche Anerkennung von erbrachten Studienleistungen	Erbrachte Studienleistungen sollten für unterschiedliche Karriereentwicklungen anerkannt werden. So kann mithilfe der Lehreinrichtung ein Anerkennungsverfahren für den Studienabschluss beispielsweise für eine spätere potenzielle Beamtenlaufbahn eingeleitet werden.
Internationale Zertifikate	Studienabschlüsse werden in der Regel in der jeweiligen Landesprache zertifiziert. Für eine internationale Karriere bietet es sich an, bei der Lehreinrichtung auch eine internationale Version (zumindest in Englisch) anzufordern. Sollte die Lehreinrichtung der Anfrage nicht nachkommen oder nachkommen können, so sollten staatlich anerkannte Übersetzer beauftragt werden.
Arbeitszeugnisse	Sollten während eines Studiums Praktikumssemester anfallen, so empfiehlt es sich, von seinem Praxisbetrieb ein Arbeitszeugnis anzufragen. Auf eine korrekte Ausarbeitung ist zu achten!

Zusatz-qualifikationen	Zusatzqualifikationen können bei Bewerbungen oft einen ausschlaggebenden Faktor einnehmen. So sollte man sich beispielsweise auch bei einer Studienfachteilnahme ohne Abschlussprüfung eine Teilnahmebescheinigung von der Lehreinrichtung ausstellen lassen. Bei Kombination verschiedener einzelner Fächer ist es auch möglich, bestimmte staatlich anerkannte Zusatzbescheinigungen zu erhalten (beispielsweise Abfallbeauftragter, Probenehmerschein, Sicherheitsbeauftragter, etc.)
Vereinzelte schlechte Abschlussnoten	Eine vereinzelte schlechte Abschlussnote kann einen falschen Gesamteindruck der Studienleistung vermitteln. Es bietet sich deshalb an, dieses Einzelfach ggf. bei einem Fernstudium nochmals zu absolvieren, um dadurch den negativen Gesamteindruck zu revidieren.
Skripte, Studienbriefe, etc.	Die Karriereentwicklung nach einem Studium kann sehr unterschiedlich verlaufen. Teilweise kann vom Arbeitergeber gefordert werden (oder es ist der eigene Anspruch), ein Aufbaustudium anzustreben. Für ein zukünftiges Anerkennungsverfahren werden dafür Studienbriefe, Skripte und Studientexte benötigt. Eine Archivierung dieser Unterlagen wird deshalb empfohlen.

7. SCHLUSSWORT

Unermüdliches Bemühen, das ist Studium!
Seami Motokiyo (1363 - 1443), japanischer Schauspieler, Dramatiker und Theoretiker des Nô, später Mönchr

Bis in die 70er Jahre des vergangenen Jahrhunderts garantierte nahezu jedes erfolgreich abgeschlossene Studium eine positive Karriereplanung. Heutzutage hat sich die Ausgangslage aufgrund der Konkurrenzsituation stark verändert. Seit 1975 hat sich die Zahl an Studienanfängern mehr als verdreifacht (siehe dazu Tabelle 18).

Tabelle 18:
Entwicklungstrend der Anzahl an Studierenden zwischen den Jahren 1975 bis 2013
Quelle: (Statistisches Bundesamt Deutschland, 2015)

Jahr	Insgesamt			Deutsche		
	insgesamt	männlich	weiblich	insgesamt	männlich	weiblich
2013	2616881	1371640	1245241	2315531	1218965	1096566
2012	2499409	1314017	1185392	2217208	1171894	1045314
2011	2380974	1255372	1125602	2115682	1122200	993482
2010	2217294	1157485	1059809	1965262	1031086	934176
1978	938752	607190	331562	887220	570471	316749
1977	905897	594071	311826	856083	558280	297803
1976	872125	579061	293064	823522	543845	279677
1975	836002	553889	282113	788704	519553	269151

Notendurchschnitt, Zusatzqualifikationen und Praxiserfahrung erhalten eine viel höhere Priorisierung bei den Unternehmen, Organisationen und Institutionen.

Der Erfolg eines Studiums ist jedoch genauso wenig planbar wie das Leben an sich. Persönliche wie private Rückschläge können den Studienverlauf negativ beeinflussen. Auch ist nicht bei allen Studierenden ein allumfassendes Taltent für alle Studienfächer vorhanden. Es kann somit im Studienverlauf zu physisch wie psychisch stark belasteten Situationen kommen, welche den erfolgreichen Studienabschluss (nachhaltig) gefährden können.

Mithilfe dieses etwas anderen Studienführers wurde angestrebt, diese Befürchtungen von Studierenden zu mildern und andererseits wertvolle Hinweise für einen erfolgreichen Studienabschluss zu vermitteln.

LITERATURVERZEICHNIS

Zur Erstellung dieses Werkes wurde eine Vielzahl von Fachliteratur, anderer Informationsquellen sowie internes Unternehmenswissen ausgewertet.

Bibliographisches Institut GmbH. (25. August 2015). Faden. Von duden.de: http://www.duden.de/rechtschreibung/Faden abgerufen

Fachhochschule Weihenstephan / Triesdorf. (1999). Bewertungsbogen Diplomarbeit. Weihenstephan: Fachhochschule Weihenstephan / Triesdorf.

Herwig, M. (04. September 2015). Falsch im eigenen Studienfach: Rechtzeitig die Reißleine ziehen. Von spiegel.de: http://www.spiegel.de/unispiegel/studium/falsch-im-eigenen-studienfach-rechtzeitig-die-reissleine-ziehen-a-692325.html abgerufen

Heublein, U., Hutzsch, C., Schreiber, J., Sommer, D., & Besuch, G. (2009). Ursachen des Studienabbruchs in Bachelor- und in herkömmlichen Studiengängen. Hannover : HIS Hochschul-Informations-System eG.

Höger, J. (31. August 2015). Die 7 günstigsten Studentenstädte. Von bildungsxperten.net: http://www.bildungsxperten.net/bildungschannels/studium/die-7-guenstigsten-studentenstaedte-das-kostet-wohnen-in-deutschland/ abgerufen

Loy, T. (31. August 2015). Studenten finden kaum noch Wohnungen in Berlin. Von tagesspiegel.de: http://www.tagesspiegel.de/berlin/guenstiger-platz-ist-knapp-studenten-finden-kaum-noch-wohnungen-in-berlin/6935896.html abgerufen

Scharbert, K. (01. September 2015). Von der Schule ins Studium - Vorlesungsknigge. Von stiftung-swk.de: http://www.stiftung-swk.de/brueckenkurs_math/d_knigge.html abgerufen

Schiltz, C. B. (31. August 2015). Nur drei deutsche unter den 100 weltbesten Unis. Von welt.de: http://www.welt.de/wirtschaft/article120245455/Nur-drei-deutsche-unter-den-100-weltbesten-Unis.html abgerufen

Statistisches Bundesamt Deutschland. (31. August 2015). Neue Wege zum Studium. Von destatis.de: https://www.destatis.de/DE/Publikationen/STATmagazin/BildungForschungKultur/2009_03/2009_03Hochschule.html abgerufen

Statistisches Bundesamt Deutschland. (31. August 2015). Studierende. Von destatis.de: https://www.destatis.de/DE/ZahlenFakten/Indikatoren/LangeReihen/Bildung/lrbil01.html abgerufen

ABBILDUNGSVERZEICHNIS

Abbildung 1: Hauptgründe für Studienabbruch **9**

Abbildung 2: Internationales Ranking der Universitäten in den Jahren 2012 und 2013 **17**

Abbildung 3: Beruflich qualifizierte Studienanfänger nach Art der Hochschulberechtigung **20**

Abbildung 4: Entscheidungsfolge zur passenden Studiumswahl **28**

Abbildung 5: Beispiel Selbstbeurteilungsbogen von Projekt-, Haus-, Bachelor-, Master- und Diplomarbeiten **76**

TABELLENVERZEICHNIS

Tabelle 1: Wesentliche Auswahlkriterien für die richtige Studiengangwahl **13**

Tabelle 2: Prozentualer Anteil von Studienabbrechern aufgrund familiäre Aspekte **18**

Tabelle 3:	Prozentualer Anteil von Studienabbrechern aufgrund finanzieller Probleme (Angaben in Prozent))	**23**
Tabelle 4:	Gegenfinanzierungskonzepte für ein Studium	**23**
Tabelle 5:	Die 7 günstigsten Studentenstädte in Deutschland (Stand 2015)	**26**
Tabelle 6:	Vor- und Nachteile der Wohnformen (Stand 2015)	**27**
Tabelle 7:	Gegenüberstellung Studium – Schulzeit	**30**
Tabelle 8:	Prozentualer Anteil von Studienabbrechern aufgrund von Studienbedingungen (Angaben in Prozent)	**32**
Tabelle 9:	Prozentualer Anteil von Studienabbrechern aufgrund von vermeintlichen Leistungsproblemen (Angaben in Prozent)	**34**
Tabelle 10:	Sinnvolle Hilfsmittel bei einer Prüfung	**44**
Tabelle 11:	typische Betrugsvorwürfe	**50**
Tabelle 12:	Hinweise für die mündliche Prüfung	**53**
Tabelle 13:	optionale Zusatzqualifikationsmöglichkeiten	**54**
Tabelle 14:	allgemeine Aufbauhilfen bei einer Abschlussarbeit	**57**
Tabelle 15:	Optimierungspotenziale bei Studien-, Haus-, Bachelor-, Master- oder Diplomarbeiten	**60**
Tabelle 16:	wesentliche Aspekte vor der Kontaktaufnahme mit einer Fachorganisation	**65**
Tabelle 17:	Empfehlungen für die Zeit nach dem Studium	**68**
Tabelle 18:	Entwicklungstrend der Anzahl an Studierenden zwischen den Jahren 1975 bis 2013	**70**

ANHÄNGE

a. Direkte und indirekte Studienaufwendungen

Direkte Studienaufwendungen		Kosten in Euro
Studiengebühren	Sind in verschiedenen Ländern nicht mehr vorhanden, kann jedoch bei Auslandsstudium (auch nur bei Auslandssemestern) anfallen	
Lehrmittelkosten, Verwaltungsgebühren, Prüfungsgebühren	Häufig Pauschal veranschlagte Kosten für Verwaltungsunterlagen, Lehrmittelunterlagen (wie Studienbriefe, etc.)	
Monatliches Budget für Lernmittel	Bücher, Kopierkosten, Lehrschulinterner Internetzugang, etc.	

Indirekte Studienaufwendungen		Kosten in Euro
Miete	Monatliche Kosten für Unterkunft	
Nebenkosten	Heizung, Wasser, Abwasser, Strom etc.	
Kommunikationsmittel	Computer, Laptop, Internet, Telefon, Handy, etc.	
Lebenshaltungskosten	Fernsehgebühren, Lebensmittelkosten, etc.	
Transportkosten	Bus-Karte, Zugticket, Kostenaufwendungen für privaten PKW (PKW Steuer, Treibstoff, Versicherung, etc.)	
Sonstiges	Kleidung, Gesundheit, Versicherung, Freizeit	

b. Hilfsdokument zur Selbstbeurteilung von Projekt-, Haus-, Bachelor-, Master- und Diplomarbeiten

Diplomand/in: ______________________ Semester: ______________________

Thema: ____

____

Studiengang: ______________________ Abgabetag der Dipl.Arbeit: __________

____

	Punkte					
	1	2	3	4	5	6
1. Sachliche Bewältigung des Themas (70 Punkte)						
1 Umfang / Art der Literaturauswertung	10	9–8	7–6	5–4	3–2	1–0
2 Umfang der Datenerhebung/ Datenerarbeitung	10	9–8	7–6	5–4	3–2	1–0
3 Gründliche / richtige Datenauswertung	10	9–8	7–6	5–4	3–2	1–0
4 Diskussion und Schlussfolgerung	10	9–8	7–6	5–4	3–2	1–0
5 Qualität der Schemata, Tabellen, Diagramme, Bilder	10	9–8	7–6	5–4	3–2	1–0
6 Teilaspektgewichtung	10	9–8	7–6	5–4	3–2	1–0
7 Grad der Selbstständigkeit bei der Bearbeitung	10	9–8	7–6	5–4	3–2	1–0
2. Berichterstattung und formale Bewältigung (30 Punkte)						
1 Aufbaulogik /Gliederung	5	4	3	2	1	0
2 Folgerichtigkeit der Gedankenführung	5	4	3	2	1	0
3 Verständlichkeit des Textes	5	4	3	2	1	0
4 Form und Textgestaltung	5	4	3	2	1	0
5 Rechtschreibung / Zeichensetzung	5	4	3	2	1	0
6 Erfüllung der Formregeln	5	4	3	2	1	0
Erreichte Punkte:						

Punktesumme: __________

Note: __________

______________________, den ______________

1. Betreuer: ______________________ 2. Betreuer: ______________________

Bewertungsschlüssel:

Punktezahl	Detailnote	Note
100–96 95–91	1.0 1.3	1
90–88 97–85 84–81	1.7 2.0 2.3	2

Punktezahl	Detailnote	Note
80–77 76–72 71–67	2.7 3.0 3.3	3
66–58 57–50	3.7 4.0	4
< 50	–	5

Abbildung 5: Beispiel Selbstbeurteilungsbogen von Projekt-. Haus-, Bachelor-, Master- und Diplomarbeiten.l
(Fachhochschule Weihenstephan/Triesdorf, 1999)